Das Lachen der Hyäne

Ein Gesellschaftsstück
von

Glyn Idris Jones

Dieses Manusskript wurde herausgegeben von

DCG Publications

Alle Nachfragen bezüglich aktueller Lizensgebühren sind zu stellen an:

DCG Media Group
Vamos 73008
Chania
Crete
Greece

Email: info@dcgmediagroup.com
www.dcgmediagroup.com

Das Lachen der Hyäne

Ein Gesellschaftsstück

von

Glyn Idris Jones

Deutsch von

Beate Staufenbiel

F

First Published 2014

© Glyn Jones / Beate Staufenbiel
The author's moral rights have been asserted

Douglas Foote
www.dcgmediagroup.com

ISBN 978-1-909381-05-6

Typeset by
DCG Publications

Printed in England by
Lightning Source.

Personen

MADGE	Hausfrau, Engländerin – Anfang 30
DONALD	ihr Ehemann, Engländer – Ende 30
PAUL	Robins' Partner – Mitte 40
ROBIN	Pauls' Partner – Anfang 30
TIFFANY	Ehefrau, Amerikanerin – Mitte 50
DEAN	ihr Ehemann, Amerikaner–Mitte 50
SAM	junge Frau im Souterrain – Mitte 20
JONATHAN	Sohn (6) von Madge und Donald (Stimme)

*Die Handlung spielt in der gemütlichen Wohnküche eines
Londoner Dreifamilienhauses aus dem 19. Jahrhundert
und in der Gegenwart.
In der geräumigen Altbauwohnküche sind außer dem Ess-
bereich auch Kinderspielzeug in einem Regal oder Kästen.
Sie dient als warmer, gemütlicher Spiel- und Aufenthalts-
raum mit bequemen Lehnstühlen, möglichst einem abge-
nutzten alten Clubsessel, und hat in der Ecke einen Kinder-
hochstuhl, ein Sideboard mit Flaschen und Gläsern, vielleicht ein paar von Jonathans Tier- und Vogelzeichnungen
an der Wand. Man sieht eine Küchenzeile; das Abendessen
ist in Vorbereitung.
Eine Tür führt in die weiteren Räume des Apartment und
zur Wohnungstür.*

AKT I Szene 1

Es ist ungefähr 6 Uhr abends. MADGE bereitet eine Dinnerparty vor. Über T-Shirt und Jeans trägt sie eine modische Schürze mit dem Aufdruck "I (rotes Herz) N.Y." Sie schält Kartoffeln. Aus dem Radio ertönt klassische Musik. Die Sprechanlage an der Wand summt. Sie legt schnell die Kartoffel und den Kartoffelschäler beiseite, wischt sich kurz einen Spritzer vom Auge und dann die Hände an der Schürze ab, schaltet das Radio aus, geht zur Sprechanlage und drückt einen Knopf.

MADGE: Ja, Schatz?

Die Stimme von Jonathan, ihrem 6 jährigen Sohn, ertönt aus der Sprechanlage.

JONATHAN: Bist du das, Mami?

MADGE: Nein, Liebes. Hier spricht die Königin von England. Was willst du?

JONATHAN: Daddy sagt, Robin ist die wahre Königin von England.

MADGE: Hör nicht auf das, was Daddy sagt.

JONATHAN: Du hast aber gesagt, ich soll immer auf Daddy hören.

MADGE: Schätzchen, ich habe jetzt keine Zeit für eine Unterhaltung, was möchtest du?

JONATHAN: Ist Robin ein Transfischtit?

MADGE: Jonathan, was willst du?

JONATHAN: Trish hat sich wieder vollgemacht.

MADGE: Schon wieder.

JONATHAN: Was soll ich machen?

MADGE: Die Windel wechseln, Liebes. Kannst du Mama einen großen Gefallen tun und ihr die Windeln wechseln?

JONATHAN: Nein.

MADGE: Was meinst du mit "Nein"?

JONATHAN: Ich will das nicht.

MADGE: Du weißt doch, wie das geht.

JONATHAN: Ich will aber nicht.

MADGE: Warum denn nicht?

JONATHAN: Das stinkt furchtbar. Sie hat ein Riesengeschäft gemacht. Wenn's nur Pipi ist, ist es nicht schlimm, aber das hier ist... iiiiiihhh!

MADGE: Iiiiiihhh?

JONATHAN: Dünnschiss. Bah Bah Bah. Iii, iii, iii. Bäh Bäh Bäh..

MADGE: Woher hast du bloß diesen Ausdruck? Ach, egal. Liebling, bitte, tu's für Mami. Mami hat furchtbar viel zu tun. Es kommen Leute zum Essen und...

JONATHAN: Nein. Mir wird schlecht.

MADGE: (Scharf) Dann geh doch aus dem Zimmer.

JONATHAN: Du hast gesagt, ich soll im Kinderzimmer bleiben. Du hast gesagt, ich muss auf sie aufpassen. Du hast gesagt...

2

MADGE: Ich weiß, was ich gesagt habe. Schau, wenn dir davon schlecht wird, hab ich eine tolle Idee. Warum tust du nicht etwas von Daddys Aftershave auf eins von seinen riesigen Taschentüchern und bindest dir das vor die Nase?

JONATHAN: Nein.

MADGE: Du siehst dann aus wie ein echter Doktor bei der Operation. (*Schweigen*) Jonathan? Jonathan?

JONATHAN: Ja?

MADGE: Hast du gehört?

JONATHAN: Ja.

MADGE: Und?

JONATHAN: Ja, okay.

MADGE: Danke, Liebes.

Sie dreht sich um, aber die Sprechanlage summt wieder. Sie geht zurück.

MADGE: Ja, Liebes?

JONATHAN: Wo sind die Taschentücher?

MADGE: In der obersten, rechten Schublade in der Kommode neben Daddys Bett.

JONATHAN: Aber dann muss ich ganz dicht an ihr vorbei.

MADGE: Du musst auch gleich ganz dicht an sie rangehen. Um Himmels Willen, Jonathan...(*Sie schaut nervös auf die Uhr*) ...nun mach schon. Halt dir die Nase zu!

Sie dreht sich wieder um und wieder summt die Sprechan-

lage.

MADGE dreht fast durch, reißt sich aber pflichtbewusst wieder zusammen und blafft:

Ja!

JONATHAN: Welches soll ich nehmen?

MADGE: Welches was?

JONATHAN: Welches Aftershave?

MADGE: Irgendeins! Irgendeins! Ist völlig egal! Mach es einfach!

JONATHAN: Du schreist.

MADGE: (*Schreit*) Es tut mir Leid! (*Sie geht wieder zu den Kartoffeln, hält aber plötzlich inne*) Oh, mein Gott! (*Sie springt zurück zur Sprechanlage, drückt den Knopf*) Jonathan? (*Schweigen*) Jonathan!

JONATHAN: (*Schwach*) Ja?

MADGE: Jonathan, keine Doktorspiele, ja? Du wechselst nur die Windel. (*Schweigen*) Hast du mich gehört?

JONATHAN: Ich kann nicht.

MADGE: Warum nicht?

JONATHAN: Ich hab gekotzt, Mami,

MADGE ist sprachlos. Jonathan schluchzt.

JONATHAN: Mami? Ich habe Kotze in der Nase. (*Jonathan heult.*)

MADGE: Ich komme, ich komme!

Sie rennt zur Tür, das Telefon klingelt. Sie stoppt und sieht es an.

JONATHAN: (*Brüllt*) Mami!

Es klingelt an der Tür.

MADGE: Scheiße!

Sie läuft hinaus.

MADGE: (*Off*) Geh bitte ans Telefon, ja?

Nach einem Moment betritt ROBIN das Zimmer. Er trägt eine große Einkaufstasche, die einen Karton mit einer Schwarzwälderkirsch-Torte und eine Schallplatte (Single) enthält. Er stellt beide vorsichtig ab, dann geht er ans Telefon.

ROBIN: (*Mit süßlichem Singsang*) Ha-l-lo-ho... Nein, hier ist nicht Madge. Madge steckt gerade in einer klitzekleinen Kri-se.... Ja, ich bins, Robin. (*Seine Stimme fällt eine Oktave tiefer und der Singsang klingt verdächtig nach "Hello Dolly"*), Hal-lo, Donald... Das weiß ich nicht. Ich komme gerade zur Tür rein und... naja... oje-mine... ich sags ihr.

Er legt das Telefon weg und holt einen großen Kuchenkarton aus der Einkaufstasche. Die Sprech-anlage summt. Er geht hin und drückt den Knopf.

MADGE: Robin?

ROBIN: Nein, Madge, die Königin von England. Natür-lich Robin. Außer du hast hier irgendwo jemanden versteckt.

MADGE: (*Unverständlich*) Tu mir einen Gefallen und...

5

ROBIN:	Ma...adge..
MADGE:	...schau mal aufs Notizbrett.
ROBIN:	Madge, Darling, ich versteh' kein Wort. Lernst du gerade Chinesisch?
MADGE:	Tut mir leid, hatte eine Windelklammer im Mund.
ROBIN:	Ach...
MADGE:	Robin, sei ein Engel und schau mal für mich auf das Brett. Die Pampers sind alle.
ROBIN:	(*Dreht sich suchend herum*) Brett?
MADGE:	Das Klemmbrett. Es liegt auf dem Tisch. Schau einfach nach, was als nächstes auf der Liste steht.
ROBIN:	Und dann?
MADGE:	Und dann mach' s, sobald es Zeit dafür ist.
ROBIN:	Dafür ist immer Zeit, Darling, aber mit wem mache ich es?
MADGE:	Jonathan! Wenn du wieder brechen musst, geh ins Badezimmer. Wer war am Telefon? Jonathan!
ROBIN:	Deine bessere Hälfte. Er kommt ein kleines bißchen später.
MADGE:	Oh, nein!
ROBIN:	Oh, ja. (*Schweigen*) Madge? (*Schweigen*) Na gut, vergiss nicht die Handgranate zu werfen, wenn du bis drei gezählt hast. (*Geht ein paar Schritte*) War das jetzt richtig? Vielleicht zählt man bis

drei, nachdem man die Granate geworfen hat. Vielleicht sprengt man sich auch zuerst in die Luft und zählt dann bis drei. Oder war das jetzt bei den Fallschirmen? Wie vollkommen mysteriös doch alles Militärische ist. Sei's drum, Uniformen waren mir schon immer schnuppe. (*Er nimmt das Klemmbrett auf*) Was haben wir denn hier? Großer Gott. Kochen nach Zahlen. 15:00, abgehakt: fünfeinhalb Pfund Fleisch auf Stufe 9. 17:35 abgehakt: auf Stufe 4 herunter drehen. 18:00 Ende. Fleisch ist fertig; aus dem Ofen. 19:55! Hmm …Süßer Lauch. 19:30 … wieder erhitzen. 19:55 Sahne hinzufügen. Puuuh... Kartoffeln...ah..Kartoffeln. (*Er schaut auf seine Uhr*) Kartoffeln – die sind zu spät. Die Kartoffeln sind sieben Minuten und 30 Sekunden zu spät ... sieben Minuten und fünfunddreißig. Sekunden zu spät, Tendenz steigend.

Er legt das Klemmboard ab, zieht seine Jacke aus, hängt sie über einen Stuhl, rollt seine Ärmel hoch und nimmt eine Schürze vom Haken mit dem Aufdruck. "KISS THE COOK". Er hält sie von sich weg, liest den Text und verzieht das Gesicht, nimmt sie ab und sucht sich eine andere aus. Darauf ist der Umriss einer lustigen Cartoon- Frau mit großen Brüsten abgebildet. Er zieht die Schürze an.

7

Dann nimmt er eine Kartoffel und den Schäler und fängt

an zu arbeiten.

ROBIN: Nur keine Sorge, Cinderella, du wirst zum Ball gehen...

PAUL erscheint in der Tür.

PAUL: Hi.

ROBIN: (*über die Schulter*) Hallo, mein Engel.

PAUL: Sind wir in der richtigen Wohnung?

ROBIN: (*Dreht sich zu ihm um*) Riesengroße Krise.

PAUL: (*Lacht*) Mein, Gott, siehst du bescheuert aus.

Mit einem übertriebenen Seufzer zieht Robin die "KISS
THE COOK" Schürze über die erste. Paul küsst ihn pflicht-
bewusst.

ROBIN: Hey, hey, bitte keine Anzüglichkeiten gegenüber dem Personal.

Er widmet sich wieder dem Kartoffelschälen.

PAUL: Ich komm um vor Hunger.

ROBIN: Wieso? Was hast du gemacht?

PAUL: Arbeiten. Was hast du denn gemacht?

ROBIN: Arbeiten.

PAUL : Und du bist nicht hungrig?

ROBIN: Mein Magen hängt in den Kniekehlen.

PAUL: Soll ich irgendwas anfangen?

ROBIN: Nicht jetzt; es könnte ja jemand hereinkommen. Wie bist du überhaupt hereingekommen?

PAUL: Die Tür war auf.

ROBIN: Ach ja. Das war ich.

PAUL:	Also, was gibt es?
ROBIN:	Hm?
PAUL:	Zum Abendessen.
ROBIN:	Also, ich hab da dieses famose kleine Delikatessengeschäft unten an der Straße entdeckt. Vielleicht hast du es schon bemerkt. Man nennt es "Supermarkt". Wenn du in unseren nun pickepacke vollen Kühlschrank schaust, findest du garantiert irgendwas, das selbst deinen Gaumen kitzelt. Nimm es raus, lies die Gebrauchsanweisung zur Abwechselung sorgfältig durch...
PAUL:	Ich lese immer die Gebrauchsanweisung.
ROBIN:	Tust du nicht. Lies sie sorgfältig, fang schon mal an, und sobald ich hier fertig bin, komme ich herunter und bringe die Schweinerei, die du für gewöhnlich hinterlässt, in Ordnung.
PAUL:	Was gibt es denn diesmal für eine Krise? Oh Mann, das riecht aber gut.

Seine Hand bewegt sich zur Ofentür, aber Robin gibt ihm einen Klaps auf's Handgelenk.

ROBIN:	Man schaut nicht in anderer Leute Öfen. Woher weißt du, ob nicht ein Soufflé drin ist? Madge wird begeistert sein, wenn ihr Soufflé pffft macht!
PAUL:	Was wird es machen?
ROBIN:	Pffft!
PAUL:	Soll ich dir hier die Stange halten?

ROBIN: Willst du vielleicht, dass ich "pfffft" mache? Immer wieder gerne, aber nicht nicht hier und nicht jetzt. Es könnte jemand hereinkommen und – Koitus interpffftus. Koitus interpffftus ist schlecht. Koitus interpffftus in einer fremden Küche, in zwei (*Er nimmt die Schürzenenden und zieht beide Schürzen auseinander, so dass man beide sehen kann*) kitschigen Küchenschürzen von eben diesem Fremden, ist definitiv das Allerletzte.

PAUL: Wen haben sie denn zum Essen eingeladen?

ROBIN: Woher soll ich das wissen? Ich weiß nur, dass sie Amerikaner sind.

PAUL: Willst du damit sagen, du bist schon geschlagene fünf Minuten hier und kennst noch nicht ihre Geschichte?

ROBIN: Amerikaner haben keine Geschichte, sie haben eine Lage der Nation oder so.

PAUL: Was ist das hier?

ROBIN: Wonach sieht es denn aus?

PAUL: Eine Schallplatte.

ROBIN: Dann ist es eine Schallplatte. Wollen Sie ihren Einsatz verdoppeln oder aussteigen, solange es noch gut läuft?

PAUL: Sarah Vaughan?

ROBIN: Sarah Vaughan. Diese verkaufstechnische Meisterleistung im Plattenladen muss gerade einen Urlaub in den Staaten gemacht haben. Weißt du, was er zu mir gesagt hat? (*Tuntig*) "Und jetzt hab einen schönen Tag und geniess deine Platte." Was denkt der, was ich damit mache? Das Loch in der Mitte vögeln?

PAUL: Passende Größe...

ROBIN: Das musst du gerade sagen.

PAUL: Klagen habe ich von dir bisher nicht vernommen. Du bist bloß empfindlich, weil du Kohldampf schiebst.

ROBIN: Entschuldige, Sweetie, du bist derjenige, der empfindlich wird, wenn er hungrig ist.

PAUL, hinter ROBIN, legt seine Arme um ihn.

Hände weg vom Küchenchef.

PAUL schmust mit ihm.

Zungen-Sandwich ist aus. Stopp, hab ich gesagt. Siehst du die Kartoffel da?

Er hält eine große lange Kartoffel hoch.

MADGE kommt herein.

MADGE: Hallo, Turteltäubchen.

PAUL: Hi, Madge.

ROBIN: Piep, piep.

MADGE: Wie bist du hereingekommen?

PAUL: Tür war offen.

MADGE: Wie läuft's, Robin?

ROBIN: Ich wäre schon wesentlich weiter, wenn dein Freund hier aufhören würde, mich abzulenken.

	Was machst du hiermit? (*Winkt mit der Kartoffel*)
MADGE:	Sie müssen in Scheiben geschnitten werden.
ROBIN:	Wie geschnitten?
MADGE:	Ganz dünn. Mit dem Gemüsehobel.

Sie hebt den Gemüsehobel hoch.

PAUL:	Soll ich es machen?
ROBIN:	(*Schnappt sich den Gemüsehobel*) Ganz bestimmt nicht. Er ist Stier. Stiere sollte man nicht in die Nähe von scharfen Dingen lassen. Er ist der einzige, den ich kenne, der sich mit einem Baby-Schieber schneiden kann. Autsch! Jesus! Oh! Mein Gott! Ich hab mir den Scheißfinger abgehobelt!
PAUL:	Du blutest über die Kartoffeln.
ROBIN:	Fein bemerkt.

Er umfasst fest seinen Daumen.

MADGE:	Lass mich mal sehen.
ROBIN:	Scheiß auf sehen. Bring mich einfach in die Notaufnahme.
PAUL:	Ist es schlimm?
ROBIN:	Mein Testament ist in der Hutschachtel oben auf dem Schrank.
MADGE:	Wir haben Pflaster im Badezimmerschrank.
ROBIN:	Pflaster? Wer braucht Pflaster bei einer Amputation? Dies ist eine ernste Verletzung. Das ist kein Gemüsehobel, das ist eine Guillotine.

PAUL:	Ich komme mit.
ROBIN:	Nein, Schatz, lass mich in Frieden sterben. Ich rufe, wenn ich Hilfe brauche.
PAUL:	Lass mal sehen, wie schlimm es ist.
ROBIN:	Wenn ich jetzt loslasse, saue ich hier alles zu. Jetzt geh mir einfach aus dem Weg und lass mich ins Badezimmer.

Er taumelt theatralisch hinaus.

PAUL:	Puuuh!

Und kommt wieder.

ROBIN:	Und warum gehst du nicht runter und fängst mit unserem Abendessen an?

Und verschwindet wieder.

MADGE:	Oh, oh. Dieser Abend wird eine komplette Katastrophe. Das hab' ich im Gefühl. Ich hab's einfach im Gefühl.
PAUL:	Was war denn das für eine Krise?
MADGE:	Zwei Kinder sind die Krise, eine ununterbrochene Krise. Ist das schon spät! Ich werde nie fertig.
PAUL:	Kann ich helfen?
MADGE:	Nein... ja... du könntest mir einen Drink machen... zur Beruhigung.
PAUL:	Was hättest du gern?
MADGE:	Brandy mit Ginger Ale.
PAUL:	Das ist Verschwendung von gutem Brandy.
MADGE:	Das ist kein guter Brandy. Wer kann sich heut-

	zutage schon guten Brandy leisten?
PAUL:	Wer kommt zum Essen?
MADGE:	Ein Ehepaar aus Amerika, das wir letztens im Urlaub kennengelernt haben. Er ist Dean von irgendwas an einer Universität. (*Sie sieht zu Paul hinüber, der die Drinks macht*) Glaubst du, Robin will auch einen?
PAUL:	Was sollte Robin mit dem Dean einer Universität?

MADGE schaut ihn mit Pokerface an. PAUL zuckt mit den Schultern, geht zur Tür und ruft.

	Robin?
ROBIN:	*(Off) Ich bin tot.*
PAUL:	Willst du einen Drink?
ROBIN:	*(Off)* Nun, da ich zwei Liter Blut verloren habe, kann die ebenso gut mit Alkohol wieder auffüllen.
MADGE:	Oh, Gott, ich habe den Wein nicht kalt gestellt.

Sie nimmt zwei Flaschen Wein aus einem Weinregal, stellt sie in den Kühlschrank, nimmt den Eiswürfelkasten heraus, gibt ihn Paul und macht einen Haken auf dem Klemmbrett.

MADGE:	Warum muss Donald ausgerechnet heute Abend zu spät kommen? Er sollte da sein und mir helfen.
PAUL:	Macht er das je? So-rry. (*Er stellt den Eiswürfelkasten zurück in den Gefrierschrank*) Ist es denn

	so wichtig, dieses Essen?
MADGE:	Nicht wirklich.
PAUL:	Wozu dann die Aufregung?
MADGE:	Na, wenn du zum Essen einlädst, soll ja auch alles absolut perfekt sein, oder? Ihr beide gebt großartige Abendessen. Ihr seid zu beneiden.
PAUL:	Hey?
MADGE:	Ihr könnt das so gut. Andererseits müsst ihr auch nicht zwei kleine Leute verpflegen. Ich werde nie fertig. Weißt du, wieviel Zeit Kinder in Anspruch nehmen? Nein, wahrscheinlich nicht. Und würdest du glauben, dass Donald die ganze Zeit davon redet, ein drittes zu kriegen? Ich hab ihm gesagt, wenn du eins willst, nur zu, krieg es selber. Ich? Mein Anteil ist erledigt. Ich hab eins von jeder Sorte produziert. Das reicht um damit irgendeinen Planeten zu bevölkern auf dem die menschliche Rasse landet. Falls sie überhaupt je auf einem Planeten landet. Und genug ist genug.
PAUL:	Es sind wunderschöne Kinder.
MADGE:	Es sind wunderschöne Monster. Ich hasse Kinder.
PAUL:	Ich liebe Kinder.
MADGE:	Du hast keine.
PAUL:	Das ist der Punkt. Du musst sie nicht die ganze Zeit lieben.

MADGE: Hast du nie das Bedürfnis gehabt, Vater zu werden?

PAUL: Nein.

MADGE: Nie? Nicht den kleinsten Anflug?

PAUL: Nein.

ROBIN kommt herein mit einem Pflaster um den Daumen.

ROBIN: Dein Sohn sitzt auf der Treppe und bläst Kondome wie Luftballons auf.

MADGE: Was? Wo hat er die denn her? Die Schublade von seinem Daddy!

ROBIN: So jung und schon verdorben.

MADGE: Das ist meine Schuld. Ich hab ihm gesagt, er soll ein Taschentuch nehmen und nicht daran gedacht, was er da finden könnte. (*Flehend*) Paul...

PAUL: Ok. Was macht die Wunde?

ROBIN: Pocht.

PAUL: Und wie ist der Daumen?

ROBIN: Bezaubernd!

PAUL geht. Robin wirft einen Blick auf die Gläser.

ROBIN: Welches ist meins? Cheers.

MADGE: Cheers.

ROBIN: Kartoffeln sind noch nicht abgehakt.

MADGE: Ich blanchiere sie in der Mikrowelle, dann brauchen sie nicht so lange. Warum kriege ich nie etwas geregelt? Ich versuche es doch. Gott weiß, dass ich es versuche.

ROBIN: Vielleicht strengst du dich zu sehr an. Du bist eine Perfektionistin – wie ich. Für wie viele?

MADGE: Vier.

ROBIN: (*Holt die Sets und fängt an den Tisch zu decken*) Paul sagt, es ist ist vollkommen in Ordnung, Perfektionist zu sein, aber wenn es zu Magengeschwüren und einem Nervenzusammenbruch führt, vergiss es. Er sagt, du musst nicht der Beste sein, sei nur der Beste, der du sein kannst. Klischee! Klischee!

MADGE: Robin, seid ihr zwei glücklich?

ROBIN: Diese Unterhaltung wird jetzt aber entschieden zu ernst. Was ist das denn für eine Frage?

MADGE: Tut mir leid. Aber seid ihr?

ROBIN: Natürlich sind wir das. Glück ist relativ. Unsere Beziehung ist in Ordnung. Was ist der erste Gang?

MADGE: Meeresfrüchte-Cocktail.

ROBIN: Hm, abgehakt, wie ich sehe.

MADGE: Es gehören keine großen Kochkenntnisse dazu, Shrimps aufzutauen. Wie lange seid ihr schon zusammen?

ROBIN: Fünfzehn Jahre.

MADGE: Meine Güte!

ROBIN: Mein Güte! Was soll das heißen? Meine Güte!

MADGE: Das ist eine lange Zeit.

ROBIN: Für Homosexuelle, meinst du. Zweiter Gang

	Messer und Gabeln?
MADGE:	Ja.
ROBIN:	Wir sind nicht die einzigen Schwulen auf der Bildfläche, weißt du. Da sind noch Wayne und Michael, die feiern schon ihr 31. Jubiläum.
MADGE:	31!
ROBIN:	Aber sicher doch. Sie sind schon einen ganzen Monat zusammen.

Sie lacht.

Na, du musst zugeben, für Schwule ist das schon eine beachtliche Leistung. Ich meine, jeder weiß, da ist nichts, was die Beziehung zusammenhält. Bis jetzt ist es doch bei uns so: keine rechtliche Bindung, keine religiöse, keine Schwiegerfamilie, keine Hochzeit in weiß, und deshalb auch keine gemeinsamen Toaster, Kinder, und Steuererklärung; keine Scheidung. Zumindest der zivilisierte Teil der Welt zuckt mittlerweile mit den Schultern - leben und leben lassen eben. Und doch: eins wird vergessen, meine Liebe, und das ist die Liebe. Und wenn es im Leben nicht um Liebe geht, worum geht es dann?

| MADGE: | Wie alt warst du, als du Paul kennengelernt hast? |
| ROBIN: | Einen Monat vor meinem siebzehnten Geburtstag. Süße sechzehn und noch unge- |

	küsst. (*Kreuzt die Finger beider Hände*) Kleine Lüge. Eine Hure war ich.
MADGE:	War es Liebe auf den ersten Blick?
ROBIN:	Wann ist der erste Blick? Meine kleinen, geilen Finger mussten sich wochenlang abwärts vortasten, bevor ich so etwas wie einen Hauch von Aufmerksamkeit bekam. Nicht dass mich das so überrascht hätte. Ich war ein mageres, pickeliges und bebrilltes Kleinkind. Meine Beine sahen aus wie bleiche Streichhölzer. Nichts von diesem reifen, gut aussehenden Geschöpf, das du jetzt gerade vor dir siehst. Aber schließlich hat er das Potential erkannt. Was gibt es als Nachtisch? Oh, ja... natürlich... (*Er hält die Kuchenschachtel hoch*) ...Löffel und Kuchengabeln.
MADGE:	Warte mal. Warte, nur eine Minute.

Paul erscheint im Türrahmen. Er hält eine Hand hoch; Kondome um die Finger gewickelt.

PAUL:	Was soll ich mit dem Leergut machen?
MADGE:	(*Hält die Hand hoch, um ihn zum Schweigen zu bringen; aber die Augen bleiben auf die Kuchenschachtel gerichtet*) Eins nach dem anderen. Robin, was hast du da in der Schachtel? Das ist kein Käsekuchen.
ROBIN:	Nein, kein Käsekuchen.
MADGE:	Was hatte ich dich gebeten zu holen?

19

ROBIN:	Käsekuchen.
MADGE:	Und was hast du mir gebracht?
ROBIN:	Schwarzwälder Kirsch. Soll ich's erklären?
MADGE:	Das wäre für den Anfang eine gute Idee. Danach dann gern die Entschuldigung.
ROBIN:	Na ja, ich hab´ mir gedacht, wenn man Amerikanern Käsekuchen, Apfel-, Blaubeer-, Pekan oder Kürbiskuchen anbietet, wäre das so als gäbe man Eskimos Eiskrem. Deshalb habe ich stattdessen Schwarzwälder Kirsch geholt. (*Er öffnet die Schachtel vor ihr*) Schau ihn dir an. Sieht der nicht phantastisch aus? Ich meine, Amerikaner essen Käsekuchen, bis er ihnen zu den Ohren herauskommt.
MADGE:	Bist du je in Amerika gewesen?
ROBIN:	Ich war im Kino.
MADGE:	Ist dir je in den Sinn gekommen, dass Amerikaner vielleicht Schwarzwälder Kirsch essen, bis er ihnen zu den Ohren herauskommt? Oder dass Eskimos Eiskrem vielleicht sogar mögen? Na ja, nun ist es eh zu spät, etwas daran zu ändern. Aber ich bin nicht zufrieden damit; herzlichen Dank. Wessen Abendessen ist das hier eigentlich? Und ich wette, die hat ein verdammtes Vermögen gekostet.
ROBIN:	Ich sag dir was, wenn sie die nicht mögen, komme ich dafür auf. Und es wird noch soviel

	übrig sein, dass die Kiddies eine Woche lang friedlich sind.
MADGE:	Friedlich und krank. Das erinnert mich an etwas.
PAUL:	Erinnert dich woran?
MADGE:	Wie geht es Jonathan?
PAUL:	Jonathan geht es gut, danke. Seine jugendliche Neugier wurde von Onkel Pauli trickreich eingelullt. Aber du hast meine Frage noch nicht beantwortet. Was mache ich mit den traurigen Überresten von drei deformierten Präservativen?

MADGE steht stocksteif und starrt ihn an.

PAUL:	Madge? (*Er schnippt mit den Fingern*)
MADGE:	Mein Mann hat eine Affäre!
ROBIN:	Was?
PAUL:	Was?
MADGE:	Oh, Gott!

Sie läßt sich schwer auf einen Stuhl fallen.

ROBIN:	Alles in Ordnung? Madge?
PAUL:	Möchtest du noch einen Drink?

MADGE ist sprachlos. Sie schüttelt den Kopf und wedelt mit den Fingern in der Luft herum.

| ROBIN: | Soll ich die Kartoffeln zu Ende machen? Was wolltest du überhaupt damit machen? |

MADGE springt auf und rennt hinaus.

Jesus! Was hat das denn verursacht?

PAUL:	Drei verformte Kondome.
ROBIN:	Was sollten wir deiner Meinung nach tun?
PAUL:	(*Zuckt mit den Schultern*) Ich könnte nach unten gehen und unser Abendessen an den Start bringen.
ROBIN:	Feigling.
PAUL:	Du kannst mit so was besser umgehen wie ich.
ROBIN:	Als.
PAUL:	Ja.
ROBIN:	Nein–nicht besser umgehen wie ich, sondern als ich.
PAUL:	Wie geht's deinem Daumen?
ROBIN:	Was hat mein Daumen damit zu tun?
PAUL:	Solltest du nicht eine Tetanus-Spritze bekommen?
ROBIN:	Ich habe vier verschiedene Antiseptika drauf getan. Wenn die Tetanuskeime das überleben, können sie sich gerne über den Rest auch noch hermachen. Ich setz mich nicht in die überfüllte Notaufnahme des Krankenhauses um da die Nacht zu verbringen, und um, wenn sie endlich Zeit für mich haben, zu hören, dass es nun eh zu spät ist.
PAUL:	Sei nicht sauer.
ROBIN:	Ich bin nicht sauer. Ich bin aufgeregt. Was machen wir jetzt?
PAUL:	Suchen wir das Weite, bevor die Kacke zu

	dampfen anfängt und den Ventilator erreicht.
ROBIN:	Na, hoffen wir, dass die Amerikaner vor Donald hier sind.
PAUL:	Wieso?
ROBIN:	Sie sind dann erst mal ein Puffer. Zumindest für ein paar Stunden.

ROBIN geht zum Schürzenhaken und nimmt seine Schürzen ab.

PAUL:	Vielleicht auch nicht. Die Scheiße könnte sich elegant auf die Amerikaner verteilen.
ROBIN:	Das ist schon in Ordnung; die sind das gewohnt.
PAUL:	Was meinst du damit, die sind das gewohnt?
ROBIN:	Sie werden glauben, dass es eine Therapiesitzung ist. In Amerika ist alles eine Therapiesitzung.
PAUL:	Warst du schon mal in Amerika?
ROBIN:	Ich war...
ZUSAMMEN:	...im Kino.

Sie lachen beide.

ROBIN:	Nein, wir sollten nicht lachen. Das ist nicht lustig. Paul. Wir können Madge jetzt nicht allein lassen. Sie ist ziemlich durch den Wind. Jemand muss sie beruhigen. Schließlich sind wir befreundet.
PAUL:	Glaubst du, Donald hat eine Affäre?
ROBIN:	Klar hat er. Ich kann's kaum aushalten.
PAUL:	Was?

ROBIN:	Wenn Donald und Madge sich trennen, ist das unser viertes heterosexuelles Paar, das sich dieses Jahr trennt. Ist dir das aufgefallen? Es ist ätzend sich dauernd auf eine Seite schlagen zu müssen.
PAUL:	Sie werden sich nicht trennen.
ROBIN:	Da wäre ich mir nicht so sicher. Es wäre nicht Donalds erste Affäre.
PAUL:	Woher weißt du das?
ROBIN:	Hast du je geglaubt, sein Machogehabe sei bloß leeres Gerede? Donald mag Donald am liebsten. Donald tut nichts lieber, als überall auf der Welt noch mehr kleine Donalds zu verteilen, auf dass die Welt glücklicher werde. Dummerweise glaube ich nicht, es hat die Wirkung, die er sich so liebevoll ausmalt.
PAUL:	Stehst du auf ihn?
ROBIN:	Du liebes bisschen! Machst du Witze? Nicht im geringsten. Warum fragst du das?
PAUL:	Du hörtest dich ein bisschen neidisch an.
ROBIN:	Ach du grüne Hühnerscheiße! Ich mag ihn. Man kann nicht anders als ihn mögen. Manche Schweine können einfach liebenswert sein. Aber auf ihn stehen? Nicht in einer Millionen Jahren – nein, vielen Dank. Und du?

PAUL schüttelt den Kopf.

Aber ich sag dir was anderes; Donald ist hun-

	dert-zweiprozentig sicher, dass wir beide heiß auf ihn sind.
PAUL:	Echt?
ROBIN:	Gott, du bist so naiv.

DONALD erscheint im Türrahmen.

DONALD:	Redet ihr über mich?
ROBIN:	(*Fährt zusammen*) Jesus! Donald! Mach so etwas nie wieder. Willst du mir einen Herzinfarkt verpassen? Was schleichst du so herum?
DONALD:	Wer schleicht? Ich schleiche niemals. Ich habe lediglich mein eigenes Heim betreten. Wo ist Madge?
ROBIN:	Hat gerade einen Nervenzusammenbruch.
DONALD:	Oh, warum?
ROBIN:	Warum?
DONALD:	(*Abfällig*) Ja, mein Lieber, warum?
ROBIN:	Du erzählst dem Mann, seine Frau hat einen Nervenzusammenbruch, und alles was er sagt ist: "Warum?"
PAUL:	Die Kids haben sie geschafft. Waren ziemlich daneben. Jonathan hat gekotzt.
DONALD:	Irgendwas Falsches gegessen?
PAUL:	Irgendwas, was Trish gegessen hat.
DONALD:	Was?
PAUL:	Das Produkt dessen, was Trish gegessen hat, ließ Jonathan übel werden.
DONALD:	Ich kann dir nicht folgen.

PAUL:	Liebe ist, die Schweinerei von jemanden anderem aufzuwischen–selbst, wenn es dich krank macht.
DONALD:	Verstehe.
PAUL:	Das freut mich.
DONALD:	Was versteckst du da hinter dem Rücken?
PAUL:	Meine Hände.

ROBIN lacht. DONALD dreht sich zu ihm um. PAUL steckt schnell seine Hände mit den Kondomen in die Hosentaschen.

DONALD:	Seht mal, Jungs. Ich will nicht ungastlich sein oder so, aber wir haben heute Abend Gäste, und...
PAUL:	Wir sind so gut wie weg.
ROBIN:	(*Nimmt seine Jacke*) Du solltest vielleicht die Kartoffeln zu Ende schälen, nachdem du endlich hier bist, oder das Dinner wird sich ziemlich verspäten.
DONALD:	(*Leicht aufgebracht*) Was macht Madge denn? (*Ruft an der Tür*) Madge! Ich bin zu Hause!
ROBIN:	Sie ist wahrscheinlich oben bei den Kindern. Warum benutzt du nicht deine super Sprechanlage?

DONALD geht zur Sprechanlage und drückt den Knopf.

DONALD:	Madge?
ROBIN:	Ich dachte, du würdest später kommen.
DONALD:	Madge!

PAUL: Wäre es nicht besser, nach oben zu gehen?

DONALD: Ihr zwei haltet jetzt mal die Klappe.

MADGE: *(off)* Ja?

DONALD: Ich bin zu Hause. Kommst du runter?

MADGE: In einer Minute.

DONALD: Sind die Kinder in Ordnung?

MADGE: Alles prima.

DONALD steht einen Moment an der Sprechanlage und runzelt die Stirn.

DONALD: Jungs, wisst ihr, was los ist?

PAUL: Ich habe es dir gesagt.

DONALD: Mehr nicht? Na los... mir könnt ihr's doch sagen.

PAUL: Robin hat sie geärgert, weil er eine Schwarzwälder Kirschtorte statt eines Käsekuchens gekauft hat.

DONALD: (*Geht zu den Kartoffeln*) Was hat sie überhaupt mit den Kartoffeln vor?

ROBIN: Das ist ein Geheimnis, das sie in ihrem hübschen kleinen Busen verwahrt und mit nach oben genommen hat.

DONALD: Ich weiß was es werden soll. (*Hebt eine Kartoffelscheibe hoch und lässt sie wieder fallen*) Es ist das Zeug, das sie im Ofen macht, mit Sahne. Kartoffeln, Sahne, Kartoffeln, Sahne, Käse obendrauf.

ROBIN: Na, wenn du weißt, wie es geht, nur zu.

DONALD:	Was hast du mit deinem Daumen gemacht?
ROBIN:	Geschnitten.
DONALD:	Nicht gut. Das zieht dich für eine oder zwei Wochen aus dem Verkehr.
ROBIN:	Aber iwo. Ich bin beidhändig. Nur bei den Kartoffel bin ich raus. (*Er hängt DONALD eine Schürze um und dreht sich zum Gehen*) Ich wünsch euch eine nette Party ... euch allen! (*Paul und Robin gehen.*)

DONALD nimmt die Schürze ab und geht zur Tür. Aus seiner Jacke ist das gedämpfte Klingeln eines Handy zu hören. Er fummelt es schnell heraus, nimmt das Gespräch an. Dabei schaut er prüfend nach oben.

DONALD:	Ja?... vor einer Minute... bin hier offenbar im klassischen Familiendrama gelandet... Ich ruf zurück... nein, nicht heute Abend... morgen... ja... ich muss jetzt... ja, ich auch. (*Hastig steckt er das Handy wieder in die Tasche; als MADGE erscheint und zum Tisch eilt*)
DONALD:	Kann ich helfen?
MADGE:	Ich habe ein Telefon gehört.
DONALD:	Telefon?
MADGE:	Telefon. Du weißt, was ein Telefon ist, oder?
DONALD:	Ach, das war Paul, als sie gingen. (*Er bindet sich eine Schürze um*)
MADGE:	Was um alles in der Welt machst du?
DONALD:	Ich nehme an, du weißt, was eine Schürze ist,

	oder?
MADGE:	Wozu um alles in der Welt?
DONALD:	Um dir zu helfen.
MADGE:	Jetzt ist mir alles klar. (*Sie knallt das Messer, das sie hält, flach auf den Tisch*)

DONALD *nimmt das Messer auf und schaut geradeaus.*

| DONALD: | Es wird eine dunkle und stürmische Nacht. |

AKT I Szene 2

Die Kartoffeln sind verschwunden. MADGE, im Kittel, ist mit dem Tischdecken fast fertig: Gläser, Servietten, Tischdekoration.

| MADGE: | Ich schaffe es, ich schaffe es; und noch ein paar Minuten übrig. |

Sie schaut auf ihre Uhr, nimmt ihr Klemmbrett und überprüft die Liste. DONALD tritt ein. Er trägt ein Sporthemd, eine Flanellhose und Flip-flops, in der Hand ein leeres Glas.

DONALD:	Ist alles in Ordnung?
MADGE:	Das hängt davon ab, was du mit "alles" meinst.
DONALD:	Dein Kopf?
MADGE:	Immer noch da.
DONALD:	Du solltest lernen dich zu entspannen. Das sage ich dir doch dauernd.
MADGE:	Zeig mir, wie ich mich entspannen kann, Donald.

Er geht um sich einen weiteren Drink zu holen. Sie macht

mit dem Tisch weiter.

	Was gab's in den Nachrichten?
DONALD:	Horrorgeschichten.
MADGE:	Warum siehst du sie dir dann an?
DONALD:	Du weißt, ich sehe gerne meine Nachrichten.
MADGE:	Du magst Horrorgeschichten?
DONALD:	Ich weiß gern, was los ist.
MADGE:	Komisch, das wüsste ich auch gern.
DONALD:	Die beiden kommen heute Abend nicht wieder, oder?
MADGE:	Was?
DONALD:	Du hast sie nicht für später auf einen Drink eingeladen oder so?
MADGE:	Nein.
DONALD:	Gut.
MADGE:	Warum?
DONALD:	Nun ja, Ich glaube nicht, dass die McBells sie besonders mögen würden. Das ist alles. Sicher ist sicher.
MADGE:	Worüber redest du?
DONALD:	Ich rede über unsere Schwuletten.
MADGE:	Das ist keine sehr freundliche Bezeichnung.
DONALD:	Die McBells sind vielleicht nicht so tolerant wie wir, das ist alles.
MADGE:	Irgendwie glaube ich nicht, dass Robin und Paul es schätzen würden, dass du sie tolerierst.
DONALD:	Dreh mir nicht immer das Wort im Mund um.

MADGE:	Wer dreht was herum? Wer? Du hast es gesagt.
DONALD:	Na, du weißt schon, was ich meine.
MADGE:	Nein, tut mir leid, ich weiß nicht, was du meinst. Sind Paul und Robin unsere Freunde oder nicht?
DONALD:	Na, ja, natürlich sind sie das.
MADGE:	Gut.
DONALD:	Ich will nur nicht durch sie in Verlegenheit gebracht werden. Das ist alles.
MADGE:	Dann sind sie keine Freunde.
DONALD:	Hör mal, ich werd' mich jetzt nicht über Paul und Robin streiten, O.K.? Ich will sie einfach heute Abend nicht hier haben. Das ist alles. Willst du jetzt einen Drink?
MADGE:	Nein, danke. (*Sie streicht ihre Klemmbrett-Liste durch und legt sie weg. Dann dreht sie sich zu ihm*) Donald, ich möchte dich etwas fragen.
DONALD:	Ja?
MADGE:	(*Sanft*) Mit wem hast du eine Affäre?
DONALD:	(*Verschluckt sich an seinem Drink*) Was?
MADGE:	Ich sagte, mit wem hast du eine Affäre?
DONALD:	Wovon redest du um alles in der Welt?
MADGE:	Du weißt, wovon ich rede. Warum waren Kondome in deiner Schublade? Ich nehme die Pille. Du brauchst bei mir nicht zu verhüten. Wir benutzen nie Kondome. Für wen sind sie?
DONALD:	(*Süße Unschuld*) Kondome? In meiner Schub-

lade?

MADGE:	Na, in meiner waren sie bestimmt nicht.
DONALD:	Was meinst du mit "waren"? Wo sind sie jetzt?
MADGE:	Ich hab' keine Ahnung, wo sie jetzt sind; wechsle nicht das Thema.
DONALD:	Du hast überhaupt keine Kopfschmerzen.
MADGE:	Ich habe Kopfschmerzen. Du machst mir Kopfschmerzen. Also los, Donald, Donald Don Juan, Donald Casanova, Donald Romeo, für wen waren sie? Ich will es wissen.
DONALD:	Sie waren für niemanden.
MADGE:	Ich verstehe. Du hast sie vielleicht aus Neugierde gekauft. Vielleicht wirst du sie eines Tages einem Museum spenden.
DONALD:	Sie liegen schon seit Jahren herum. Eine Art Notfallpackung. Für alle Fälle, weißt du? Wahrscheinlich sind sie längst unbrauchbar, so alt sind sie. Ich hatte sogar vergessen, dass sie da waren. Wenn ich eine Affäre hätte, wäre ich dann so dumm, Kondome herumliegen zu lassen?
MADGE:	Sie lagen nicht herum, Donald. Sie waren nicht zu sehen, versteckt in einer Schublade.
DONALD:	Aber sie wurden gefunden, also können sie nicht allzu sehr außer Sichtweite gewesen sein.
MADGE:	Du weichst aus, Donald. Das ist Haarspalterei.
DONALD:	Überhaupt nicht. Ich versuche dir nur zu zeigen

	wie unvernünftig du bist.
MADGE:	Bin ich das? Glaubst du, mir wäre dein Verhalten in letzter Zeit nicht aufgefallen? Wie fühlst du dich? Immer noch müde? Leidest du bei ihr auch an Vollzugsschwäche?
DONALD:	Das lasse ich mir nicht gefallen.
MADGE:	Und ich mir auch nicht.

Die Türklingel läutet.

DONALD:	Warum musst du jetzt damit kommen, kurz bevor unsere Gäste da sind? Hätte das nicht warten können?
MADGE:	Nein. Desto eher man es hinter sich bringt, umso besser.
DONALD:	Du meinst, du willst das in ihrer Anwesenheit bereden?
MADGE:	Oh, es gibt also etwas zu bereden?
DONALD:	Sollte nicht besser jemand hinuntergehen und sie hereinlassen? Sie warten vor der Tür.
MADGE:	Sie können warten. Wenn wir sie jetzt hereinlassen, hast du drei bis vier Stunden Zeit, dir einen Haufen Lügen auszudenken.
DONALD:	Na, großartig! Ich komme nach einem echt beschissenen Tag nach Hause, freue mich auf einen entspannten Abend, und was kriege ich?
MADGE:	Was du verdienst, würde ich mal sagen.
DONALD:	Frauen!
MADGE:	Oho! Jetzt geht es auf dieser Schiene weiter, ja?

| | Soll ich jetzt die ausgenutzte kleine Hausfrau spielen und in Tränen ausbrechen? Wäre das nicht eine nette Begrüßung für unsere Gäste? |
| DONALD: | Ich lasse sie jetzt rein. Wir sind extrem unhöflich. |

Es klopft an der Tür zum Apartment.

| MADGE: | Mach dir keine Mühe, das hat schon jemand getan. |

Sie geht hinaus. DONALD nimmt einen großen Schluck von seinem Drink.

Er bleibt, wo er ist, und lauscht der Begrüßung im Flur.

MADGE:	Hallo – schön euch zu sehen!
DEAN:	Hallo!
TIFFANY:	Hi! Hi!
MADGE:	Willkommen in England!
TIFFANY:	Die Haustür stand offen...
DEAN:	Wir sind gleich nach oben gekommen. Ich hoffe, das ist in Ordnung...
MADGE:	Kommt doch herein. Donald ist da geradeaus. Er macht euch einen Drink. Ich denke, ihr könnt einen gebrauchen. Gerade durch. Genau.

DEAN McBELL erscheint im Türrahmen und sieht Mr.Magoo verdächtig ähnlich, in Burberry und Jägerhut, die Kamera quer vor der Brust. Er trägt eine rahmenlose Brille mit dicken Gläsern. Er und DONALD gehen mit ausgestreckten Händen aufeinander zu.

| DEAN: | Hallo, Donald. Wie steht's? |

DONALD: Bon soir mon ami! Comme ça va?

TIFFANY tritt ein, gefolgt von MADGE. TIFFANY trägt grelle pinkfarbener Plastik-Regenkleidung und darunter ein Kleid mit Blumen. Ihre Stimme und ihr Lachen könnten einen Kristallleuchter auf 50 Schritte Entfernung zersplittern.

TIFFANY: Hallo Donald, ha ha ha. Einfach herrlich, dich wiederzusehen.

DONALD: Sehr schön.

Er küsst die dargebotene Wange.

MADGE: Lass mich dir diese Sachen abnehmen, Tiffany. Hat euch unser Regen erwischt?

TIFFANY: (*Legt seinen Burburry-Regenschutz ab*) Wer hat Angst vor ein bisschen Regen? In meinem Alter schmilzt man nicht mehr...man rostet nur etwas. Ha ha ha ha. Nein! Ist das nicht gemütlich? Dean, ist das nicht kuschelig?

DONALD: Was möchtet ihr trinken?

DEAN: (*Legt seinen Regenschutz ab*) Scotch für mich, mit Eis.

TIFFANY: Für mich auch. Mit einem Spritzer Coke.

DONALD: Cola?

TIFFANY: Cola.

DONALD: (*Zu DEAN*) Komm, gib mir das.

TIFFANY: Findest du seinen Burberry nicht spitze, Donald? Das erste, was Dean in London gemacht hat, war sofort zum Picadilly zu fahren und sich einen Burberry zu kaufen. Seit Jahren wollte er einen Burberry. Sieht er nicht schnuckelig aus?

DONALD: Würdest du sagen, dass du schnuckelig aussiehst?

DEAN: Von schnuckelig weiß ich nichts.

TIFFANY: Er sieht schnuckelig aus.

DONALD bepackt MADGE mit DEANs Sachen und sie wankt hinaus.

DONALD: Ich mach die Drinks fertig, und dann gehen wir ins Wohnzimmer.

TIFFANY: Nein, warum? Hier ist es genau richtig. Ich bin völlig zufrieden, wo ich bin, und vielleicht kann ich Madge helfen.

DONALD: Es gibt nichts zu tun. Ich meine, es ist alles fertig.

TIFFANY: (*Geht umher*) Es gibt nichts, was eine Frau lieber hat als die Küche einer anderen Frau, besonders, wenn sie sie kritisieren kann. Ha ha ha ha. Meine Güte! Irgendwas hier riecht höllisch gut.

DONALD: Wie gefällt euch euer Urlaub bisher?

DEAN: Wir waren in Stratford on Avon.

TIFFANY: Und Edinburgh und Loch Ness.

DONALD: Habt ihr das Monster gesehen?

TIFFANY: Natürlich. Ich habe es mitgenommen.

DEAN amüsiert sich pflichtgemäß.

DEAN:	Oxford.
TIFFANY:	Stonehenge.
DEAN:	Cambridge.
TIFFANY:	Windsor Castle.
DEAN:	Westminster Abbey.
TIFFANY:	Buckingham Palace.
DEAN:	Der Tower von London.
DONALD:	(*Schnell*) Und wie gefällt euch unser Land?
TIFFANY:	Es ist niedlich. (*Nimmt ihr Glas*) Danke schön.
DONALD:	Na dann... cheers.
OTHERS:	Cheers.
TIFFANY:	Nun, ich muss sagen, hier ist es wirklich nett. (*Schaut sich um*) Wie groß ist es?

MADGE kommt zurück.

DONALD:	Wir haben die beiden oberen Stockwerke. Was möchtest du trinken, Tiffany?
DEAN:	Wir nennen das Maisonette.
TIFFANY:	Und wo sind die Kinder?
MADGE:	Oben. Was trinkt ihr denn?
TIFFANY:	Werden wir sie sehen?
DONALD:	Wir haben alle Scotch.
MADGE:	(*Verzieht das Gesicht*) Trish schläft und...
DONALD:	Wie wär´s mit einem Martini?
MADGE:	Ja, bitte.
TIFFANY:	Und was ist mit dem kleinen Jungen? Wie heißt er noch?
MADGE:	Jonathan. Ich werde ihn nicht herunterbringen,

	wenn es euch nichts ausmacht. Es ging ihm nicht so gut.
TIFFANY:	Oh, das tut mir leid, Madge. Ich hoffe, nichts ernstes.
MADGE:	Nichts Ernstes. So, da sind wir nun. Wie seid ihr hergekommen? (*Nach einem Moment*)
TIFFANY:	Mit dem Taxi.
MADGE:	Nein, ich meine, nach England, von Europa.
DEAN:	Wir sind von Neapel aus geflogen.
DONALD:	Guter Flug?
TIFFANY:	Ha ha ha. Schrecklich. Es war einer von diesen Charterflügen, wisst ihr? Second-hand Flugzeug, second-hand Crew. Ich sag' euch, sogar die Kabinenstewards waren von anderen Fluglinien aussortiert. Ha ha ha.
DONALD:	Dann seid ihr in Gatwick gelandet?
TIFFANY:	Nein, in Luton. Seid ihr je in Luton gewesen? Das ist am Ende der Welt. Man geht zum Ende der Welt, biegt links ab und ist in Luton.
DEAN:	Fairerweise, Schatz, muss du sagen, wir haben nur den Flughafen gesehen.
TIFFANY:	Das hat gereicht.
MADGE:	Nun... es ist jedenfalls nett euch wiederzusehen. (*Nimmt ihren Drink*) Danke schön. Also...
OTHERS:	Cheers.
TIFFANY:	Auch schön, dich wiederzusehen, Madge. Und dich, Donald.

Sie klimpert mit den Augenlidern über das Glas hinweg in seine Richtung.

TIFFANY: Und wer wohnt im Rest des Hauses?

Schneller Blick zwischen DONALD und MADGE.

MADGE: (*Kneift die Augen in Donalds Richtung zusammen*) Nun, zwei Freunde leben in der unteren Wohnung.

DONALD: Und, im Keller, im Souterrain, meine ich, wohnt eine junge Frau namens Samantha. Wir nennen sie meist Sam, Ha ha.

TIFFANY: Ihr seid nicht befreundet?

DONALD: Oh, ja. Ja. Sie ist eine Freundin. Nettes Mädchen.

TIFFANY: Was macht sie beruflich?

DONALD: Beruflich?

MADGE beobachtet DONALD plötzlich sehr genau.

TIFFANY: Ja, was macht sie?

DONALD: Sie ... arbeitet einfach ...in einem Büro. Wir sehen sie nicht allzu oft. Madge?

MADGE: Ja, Liebling?

DONALD: Sam–arbeitet doch in einem Büro, oder? (*Er zuckt mit den Schultern*) Versicherungen oder so.

MADGE: Das ist ihr Hobby. Ich glaube, ihre Hauptbeschäftigung ist das Verführen anderer Leute Ehemänner.

TIFFANY: Kein Witz!

DONALD:	(*Panisch*) Sie macht Witze!
MADGE:	Nein, mach ich nicht.
TIFFANY:	Eine Mata Hari, hm? Eine Delilah, eine Jezebel. Ist sie schön?
MADGE:	Sie ist ganz hübsch, glaube ich, aber auf eine etwas fade Art.
TIFFANY:	Und schrecklich, schrecklich jung, wette ich. Ich kann sie mir genau vorstellen. Sie nicht zu kennen, heißt, sie zu lieben.
DONALD:	Schaut mal, warum gehen wir nicht nach nebenan, wo es viel gemütlicher ist?
MADGE:	Ist dir ungemütlich? Jetzt können wir genauso hier bleiben. Das Abendessen ist fast fertig. Ich hab' die Nüsse vergessen!
TIFFANY:	Vergiss die Nüsse. Wenn ich einmal damit angefangen habe, kann ich nicht mehr aufhören und ich will mir nicht den Appetit verderben für was auch immer da so köstlich riecht. Ich wette, du bist eine sagenhafte Köchin, Madge. Es ist ein Jammer, dass ich wie ein Spatz esse.
DEAN:	Also, gehört das hier euch oder ist es gemietet?
DONALD:	Es gehört uns.
DEAN:	Wir nennen das ein Condominium in den Staaten.
TIFFANY:	Gehört Sam ihre Wohnung auch?
DONALD:	Uns allen gehören die Wohnungen.
TIFFANY:	Komisch, wir hatten zu Hause auch so eine

	junge Frau.
DEAN:	Wer war das, Liebling?
TIFFANY:	Cheryl Zinowsky.
DEAN:	Ich kann mich nicht an sie erinnern.
TIFFANY:	Das will ich auch nicht hoffen.
DONALD:	Wie ist dein Drink?
DEAN:	Gut. Wer war Cheryl Zinowsky?
TIFFANY:	Spielt keine Rolle. Nur eine Frau in Hotpants. Oder eher gesagt, eine Frau in den Hotpants anderer Leute Ehemänner.
DEAN:	Wie sah sie aus?
TIFFANY:	Tja, das ist es gerade. Ich konnte nie verstehen, was die Männer in ihr sahen, ich meine, sie war so hässlich, sie hätte einen Bussard auf 20 Yards von einem Mistwagen gehauen, wie wir in North Carolina sagen.
DEAN:	Das ist nicht nett, Liebling.
TIFFANY:	Ich hab sie nicht hässlich gemacht, Gott war das.
DEAN:	Nein, ich meine so einen Ausdruck zu benutzen.
TIFFANY:	Zum Teufel, Honey, das ist doch nur ein Ausdruck.
DEAN:	Ja, aber wir wissen nicht...
MADGE:	Ist schon in Ordnung, Dean.
TIFFANY:	Klar ist es das. Donald und Madge wissen, worum es geht. Er ist so altmodisch. Das kommt davon, wenn man sein ganzes Leben

41

	in einer Universität verbringt. Die Welt geht an einem vorbei. Aber, das Paar unter euch, was machen die?
DONALD:	Darling, hab ich da gerade das Baby weinen gehört?
MADGE:	Ich hab nichts gehört. Außerdem habe ich die Sprechanlage angelassen, so können wir sie laut und deutlich hören.
TIFFANY:	Sprechanlage? Oh, ja. Das ist eine blendende Idee. Funktioniert sie in beide Richtungen?
MADGE:	Das kann sie.
TIFFANY:	Hast du sie je aus Versehen angelassen?
MADGE:	Nicht, dass ich micht erinnere.
TIFFANY:	Man muss vorsichtig sein, was man in dieser Wohnung sagt.
DEAN:	Entschuldigung, könnte ich mal das Badezimmer benutzen?
DONALD:	Oh, es tut mir leid. Ich hätte es euch vorhin zeigen sollen. Komm mit, ich zeige es dir.
DEAN:	Entschuldigt einen Moment.

Er geht hinter DONALD hinaus.

TIFFANY:	Schalte sie im Badezimmer aus, Honey, wir wollen dich nicht hören. Ha ha ha. Der Mann ist einer letzten Unschuldigen dieser Welt. Ich bin echt froh, dass er nie Cheryl Zinowsky getroffen hat.
MADGE:	Er hätte wahrscheinlich selbst dann nichts

	angestellt.
TIFFANY:	Honey, es gibt keinen Mann auf der Welt, dem du weiter trauen kannst, als du ihn werfen kannst.
MADGE:	Aber du hast gesagt, er wäre einer der Unschuldigen.
TIFFANY:	Das macht es nur schlimmer. Er würde gar nicht wissen, wie ihm geschieht.
MADGE:	Also, Tiffany, ich freue mich, dass ihr es geschafft habt, uns aufzuspüren.
TIFFANY:	Nein, Honey, wie gesagt, wir haben ein Taxi genommen. Dean Dean wollte einen Bus nehmen, aber ich hab es ihm ausgeredet. Man verlässt sich besser nicht auf Dean. Er will immer den Weg zeigen und ich tue so, als ließe ich ihn. Aber er ist blind wie ein Maulwurf. Offiziell wäre er sehbehindert. Er könnte seinen Weg nicht aus dem Sandkasten heraus finden. Ich weiß nicht, warum wir nach Europa gefahren sind. Um uns die Sehenswürdigkeiten anzuschauen? Ich muss ihm quasi alles beschreiben.
MADGE:	(*Lacht*) So schlimm wird es schon nicht sein. Ich bin sicher, du übertreibst.
TIFFANY:	Glaubst du? In Venedig ist er fast in den Canale Grande gefallen. In Deutschland wollte er eine Stadtautobahn überqueren. Und erst heute

Morgen, hier in London, ging er in eine Damentoilette. Eine von denen unter der Straße. Er ging die Treppe hinunter. Ich schrie hinter ihm her, aber er merkte es nicht. Drei Frauen kamen an ihm vorbei die Treppe hoch an ihm vorbei. Drei! Und er kapierte immer noch nicht, wohin er ging. Als er unten ankam fand er es etwas merkwürdig, dass keine Urinale da waren, und dann ist der Groschen gefallen. Es war hochnotpeinlich. Ich bin überrascht, dass man ihn nicht verhaftet hat.

MADGE: (*Lacht*) Ich glaube kein Wort davon.

TIFFANY: Es ist die reine Wahrheit.

MADGE: Du sagst, er hätte keine Urinale gesehen. Das heißt doch, er hätte sie gesehen, wenn sie dagewesen wären. Also, du siehst, du übertreibst. Du erzählst gern Geschichten.

TIFFANY: Nein, Honey, ich versuche dich etwas lockerer zu machen. Seit wir hier sind, bist du nervös wie ein Rennpferd.

Es klopft an der Tür und MADGE fährt zusammen.

Siehst du, was ich meine? Erwartest du jemanden?

MADGE: Nein.

Sie setzen sich.

TIFFANY: Na, willst du nicht besser nachschauen, wer es ist?

MADGE:	Wo steckt denn Donald?
TIFFANY:	Aller Wahrscheinlichkeit nach hat er ein Männergespräch mit Dean. Du weißt doch, dass die Jungs gerne zusammen sind. Nun mach schon, Honey, schau wer da ist. Ich werde euer Tafelsilber nicht stehlen.
MADGE:	Ja. Entschuldige mich.

Sie geht zur Tür. Robin erscheint im Türrahmen.

ROBIN:	Oh, sorry.
MADGE:	Robin!
ROBIN:	Ich wusste nicht, dass eure Gäste schon da sind. Die Tür war nur angelehnt.
MADGE:	Das war ich.
ROBIN:	(*Zu TIFFANY*) Guten Abend.

TIFFANY strahlt.

Ich wollte nur leise herein- und wieder hinausschleichen.

TIFFANY räuspert sich.

MADGE:	Oh, tut mir leid. Lasst mich euch einander vorstellen. Das ist Robin, er wohnt in der Wohnung unter uns. Robin, das ist Mrs McBell.
TIFFANY:	Tiffany.
ROBIN:	(*Schüttelt ihre Hand*) Tiffany, wie geht's?
TIFFANY:	Sehr gut, danke. Und dir?
ROBIN:	Gut. Mir geht es gut.
TIFFANY:	Gut. Und wie geht es deiner Frau?
ROBIN:	Meiner Frau?

TIFFANY:	Doch. Madge hat mir von dem Paar erzählt, dass unten wohnt.
ROBIN:	Oh.

Er schaut zu MADGE, die den Kopf schüttelt, sieht TIF-FANY sie anschauen, und strahlt.

	Ich habe keine Frau, Mrs. …Tiffany. Ich habe, was man einen Mitbewohner nennt.
TIFFANY:	Oh, ich verstehe.
ROBIN:	Madge, ich will nicht stören, aber...

DONALD kommt herein, DEAN im Gefolge. DONALD stoppt bei ROBINs Anblick so abrupt, dass DEAN in ihn hineinläuft.

TIFFANY:	Was habe ich dir gesagt? Blind wie ein Maulwurf. Glaubst du mir jetzt?
DEAN:	Ich bin nicht blind, Tiffany. Meine Augen tränen.

Er nimmt die Brille ab um die Augen mit einem Taschentuch zu trocknen und ist nun praktisch blind.

ROBIN:	Hallo, Donald.
DONALD:	Was machst du hier?
ROBIN:	Ich wollte das gerade Madge erklären.
MADGE:	Wo seid ihr beide gewesen?
DONALD:	Ich habe Dean diese Stiche gezeigt, die wir in der Portobello Road gefunden haben.
DEAN:	Man nennt sie Mezzotinto.
ROBIN:	Jedenfalls, wie ich gerade sagte oder versuchte zu sagen, ich hab Paul heute ein Geschenk

gekauft.

MADGE: Wieso, ist heute sein Geburtstag? Er hat uns nichts gesagt.

ROBIN: Es ist nicht sein Geburtstag, Madge, ich wusste zufällig, dass er sich diese Sarah Vaughan Aufnahme wünschte, also hab ich sie für ihn gekauft, das ist alles. Ich hatte sie vorhin hier vergessen, und jetzt...

DEAN, der seine Brille wieder aufgesetzt hat, hustet.

MADGE: Oh! Robin, das ist Dean McBell. Dean, das ist Robin.

TIFFANY: Von unten. Er wohnt mit seinem Mitbewohner zusammen.

DONALD schluckt.

ROBIN: Guten Abend, Mr McBell.

MADGE: Nicht Mr. McBell. Es ist Dean McBell.

TIFFANY: Nenn ihn Dean, dann bist du gleichzeitig förmlich und leger.

ROBIN: Wie bitte?

TIFFANY: Na, sein Vorname ist Dean und er ist ein Dean, also Dekan; wenn du ihn also mit Dean anredest, weiß er nicht, ob du Dean meinst oder Dean. Verstehst du?

ROBIN: Äh... ja.

TIFFANY: Nur wenn du Dean Dean sagst, sind alle Missverständnisse ausgeräumt.

MADGE: (*Reicht ROBIN die Schallplatte*) Hier...

ROBIN:	Danke.
DONALD:	Robin…
ROBIN:	Ja, ja… (*Er schlängelt sich zur Tür*) … Ich hätte euch nicht gestört, wusste ja von eurem Abendessen und so, aber Sam ist bei uns und sie wollte sie gerne hören.
TIFFANY:	Sam ist bei euch?
ROBIN:	Kennst Du Sam?
TIFFANY:	Nein, aber Madge hat mir alles über sie erzählt und ich kann kaum erwarten, sie kennen zu lernen.
DONALD:	Liebling, ich bin sicher unsere Gäste sind am verhungern; ich weiß, dass ich es tue, es ist weit nach acht und…
ROBIN:	Ja, tut mir leid wegen der Unterbrechung. Gute Nacht.
TIFFANY:	Gute Nacht, Robin. Was Dean und ich beim Reisen wirklich genießen ist, so viele interessante und bezaubernde Menschen wie möglich zu kennenzulernen. Und dann laden wir sie alle ein uns in den Staaten zu besuchen. Wer weiß, was passieren würde, wenn sie alle auf einmal kämen. Wir müssten sie zu all unseren Freunden ausquartieren. (*Zu MADGE*) Und zu unseren Freunden gehört nicht Cheryl Zinowsky.
DONALD:	Ich mache den Wein auf. (*Er geht zum Kühl-*

	schrank) Liebling, der erste Gang ist noch nicht einmal auf dem Tisch!
TIFFANY:	Ich habe noch nicht mal meine Hände gewaschen. Jetzt stell bloß dieses Gerät ab, während ich im Bad bin.
MADGE:	Keine Sorge, Tiffany, mit dem Badezimmer ist es nicht verbunden.
TIFFANY:	Na, Gott sei Dank.
ROBIN:	Also, noch einmal gute Nacht. Genießt euer Abendessen.
TIFFANY:	Genieß deine Schallplatte.
ROBIN:	Was? Oh. Ja. Danke.
DEAN:	Sarah Vaughan, ja?

Robin schaut ihn plötzlich aufmerksam an.

	Warum holt ihr euch nicht eine CD? Alle die alten Größen sind doch heutzutage auf CDs zu haben.
ROBIN:	Weil wir, weißt du, große Sammler des guten, alten Vinyls sind.
TIFFANY:	Aber ist Fortschritt nicht wunderbar?
DEAN:	Die Wissenschaft schreitet vorwärts.
ROBIN:	Unglücklicherweise. Eines schönen Tages hat sie unsere Vinyls ins Aussterben fortgeschritten. Wir werden uns keine neue Nadel für unsere Bang and Olufsen kaufen können, und Bang macht Olufsen.
DEAN:	Wie bei Digitalkameras.

49

MADGE: Robin.

Der Raum kommt zum Stehen.

             Warum bringst du Paul und Sam nicht später
             auf einen Drink hoch?

DONALD lässt sich die Weinflasche auf den Fuß fallen,
was den Wein rettet, nicht aber seine Zehen.

DONALD: (*Hüpft vor Schmerz*) Scheiße!

MADGE: Was hast du gemacht?

DONALD: Mir die Flasche auf den verdammten Fuß fallen
             lassen.

MADGE: Alles in Ordnung?

DONALD: Natürlich ist nicht alles in Ordnung. Ich habe
             mir fünf Zehen auf einmal gebrochen!

MADGE: Strafe Gottes.

DONALD: Fünf der hübschesten Zehen von ganz Eng-
             land.

DONALD stöhnt.

MADGE: Na, komm schon. Du wirst es überleben.

DONALD: Na, vielen Dank auch.

MADGE: (*Zu ROBIN*) Gebt uns Zeit zu essen und dann
             kommt ihr drei hoch und wir werden unsere
             amerikanischen Gäste königlich unterhalten.

DONALD: (*Schaut vom Reiben seiner Zehen hoch*) Das
             kannst du wohl sagen. Alles was uns jetzt noch
             fehlt, ist die Königin von England.

ROBIN: Madge, bist du sicher?

TIFFANY: Ganz sicher. Ich hätte liebend gern dasselbe

vorgeschlagen, aber dies ist nicht meine Wohnung. Aber Madge wusste was ich wollte und, verdammt, sie hat es einfach gemacht. Madge ist wahrscheinlich die perfekteste Gastgeberin in London. Stimmt's?

DEAN: Perfekt.

DONALD: Absolut scheißperfekt.

AKT II Szene 1

Auf dem Tisch und im Raum sind die Spuren des Abendessens verstreut. Man hört Tiffanys Lachen aus dem angrenzenden Raum. MADGE kommt herein und beginnt frischen Kaffee zu kochen. Einen Moment später betritt TIFFANY das Zimmer.

TIFFANY: Oh, mein Gott! Waren wir das?

MADGE: Ich fürchte ja!

TIFFANY: Was ist passiert? Der Dritte Weltkrieg? Na, ich kann nur sagen, das war es wert. Madge, das war ein ganz wunderbares Erlebnis. Danke. Mein Gott, Honey, du musst Tage dafür gebraucht haben! Und jetzt lass mich dir helfen, dieses schreckliche Chaos etwas aufzuräumen.

MADGE: Und du fasst nicht ein Teil an.

TIFFANY ist schon dabei.

TIFFANY: Aber schau es dir an. Ich kann dich damit nicht alleine lassen. Ich helfe dir gerade. Ich bestehe

	darauf.
MADGE:	Und ich bestehe darauf, dass du alles stehen läßt. Ich habe den ganzen Tag morgen um sauber zu machen.
TIFFANY:	(*Macht weiter*) Und übermorgen brauchst den ganzen Tag um dich zu erholen. Oh Mann, ist das warm. Macht es dir was aus, wenn ich meine Schuhe ausziehe?
MADGE:	Überhaupt nicht.
TIFFANY:	Ah... so ist es besser. Ich glaube, hier braucht man keine Klimaanlage. Wir kämen nicht ohne aus. Ich stelle unsere auf 21 Grad konstant. Nachts merkst du nicht so viel davon, aber Junge, tagsüber ist sie himmlisch. Obwohl, tagsüber bin ich immer auf der Terrasse. Trotzdem, sie hält die Möbel angenehm temperiert.
MADGE:	Hör zu, Tiffany, kannst du das bitte stehen lassen?
TIFFANY:	(*Zeigt auf die Sprechanlage und räumt weiter auf*) Irgendwelche Nachrichten von oben?
MADGE:	Nein, sie schlafen und mit etwas Glück bleiben sie dabei.
TIFFANY:	Ich weiß genau was du meinst. Ich bin nur zu dankbar, dass meiner schon erwachsen ist. Man fühlt sich alt, aber was zur Hölle soll´s! Es heißt, das Leben fängt an, wenn die Kinder aus dem Haus sind und der Hund stirbt.

DEAN kommt herein, gefolgt von DONALD.

MADGE: Hört mal, Leute, was soll das? Ich wollte hier nur frischen Kaffee machen. Ihr solltet eigentlich nebenan darauf warten.

DEAN: Wir wollten dir helfen.

MADGE: Nein!

TIFFANY: Oh, komm schon, Madge, viele Hände machen schnelles Ende.

MADGE: Nein! Viele Köche verderben den Brei.

TIFFANY: Habt ihr einen Geschirrspüler?

MADGE: Ja. Er steht genau vor dir.

TIFFANY: Damit wäre das klar. (*Sie räumt weiter auf*) War das nicht ein tolles Essen, Dean? Deine Frau ist eine wunderbarere Köchin, Donald, ich hoffe, du weißt das zu schätzen. Hast du jemals echte Südstaaten-Gerichte probiert, Honey?

MADGE: Nein.

TIFFANY: Ich schick' dir ein Rezeptbuch. War das nicht ein Wahnsinnsessen, Dean?

MADGE: Ich hoffe, ihr hattet alle genug.

TIFFANY: Genug? Ich musste mich zwingen aufzuessen. Nur weil es so köstlich war. Ich habe dir doch gesagt: ich esse wie ein Spatz. Besonders das Kartoffelgericht habe ich gemocht. Was sagst du dazu? Gemüseauflauf?

DEAN: Die Italiener sagen dazu al dente.

MADGE zuckt zusammen.

MADGE:	Schaut, warum geht ihr drei nicht nach nebenan und entspannt euch ein wenig? Ich bringe den Kaffee sobald er fertig ist.
TIFFANY:	Wir wissen alle, was Dean geschmeckt hat. Hätte ich nicht ein Machtwort gesprochen, er hätte ein drittes Stück Schwarzwälder Kirsch genommen.
DONALD:	Wer will noch einen Drink? Ich habe immer noch etwas von dem Cognac, den wir aus Frankreich mitgebracht hatten.
DEAN:	Das klingt wie eine sehr gute Idee.
TIFFANY:	Aber nicht zuviel, Dean, du hast jetzt schon einen sitzen. Gib ihm bloß nicht zuviel, Donald, hörst du? Bei dem Cholesterin, das er heute Abend verdrückt hat, wäre ein Blutbild reine Geldverschwendung. Wenn er zurückkommt, wird Doc Baxter sagen, dass er Ferien braucht.
DEAN:	Mir geht's gut, Liebling.
TIFFANY:	Klar geht's dir gut. Solange du die Krankenversicherung bezahlst. Ha ha ha.

DEAN geht.

DONALD:	Noch jemand?
TIFFANY:	Nicht für mich. Ich kann das Zeug nicht ausstehen. Ich liebe den Geruch. Ich könnte allein davon high werden, aber der Geschmack! (*Sie schüttelt sich*) Aber ich hätte gerne einen von den kleinen Likören. Wie hast du ihn genannt?

DONALD:	Parfait Amour.
TIFFANY:	Perfekte Liebe. Ist dass nicht süß?
DONALD:	Madge?
MADGE:	Ich warte bis die anderen hochkommen.
DONALD:	(*Eisig*) Ja.

Er wendet sich zum Gehen.

TIFFANY:	Warum gehst du wie ein Plattfußindianer?
DONALD:	Mein Fuß tut immer noch weh.
TIFFANY:	Vielleicht solltest du ihn röntgen lassen.
DONALD:	Ich glaube nicht, dass etwas gebrochen ist, nur gequetscht.

MADGE schaut unglücklich. Donald geht.

TIFFANY:	Alles in Ordnung, Schatz?
MADGE:	(*Strahlend*) Ja. Prima. Dean ist ein ganz Lieber, nicht?
TIFFANY:	Da sagst du etwas Wahres. Er ist nicht gerade ein Party-Magnet, aber, wenn ihm etwas passierte, würde ich ihn schwer vermissen. Er ist wie ein Kater. Man weiß nie, dass er da war, bevor er aufsteht und geht.
MADGE:	Bist du mit ihm glücklich?
TIFFANY:	Doch. Er ist das, was ich wollte. Ich schätze, die meisten Menschen auf der Welt kriegen, was sie wollen, auch wenn sie das manchmal gar nicht wissen. Aber ich sage dir eins, Honey, Männer und Pferde muss man gleich behandeln. Entweder man reitet sie ein, sobald man

sie bekommt, oder sie bleiben wild.

MADGE: Wie habt ihr euch kennengelernt?

TIFFANY: In New York bei einem Gewitter. Wir hatten uns beide in einen verlassenen Theatereingang auf der 45.Straße gerettet. In der einen Sekunde schwitzten wir bei 35 Grad, in der nächsten öffnete der Himmel seine Pforten. Und wenn ich öffnete sage, dann meine ich weit offen. Es goss wie aus Kübeln. Allerdings wussten wir, dass das kommen sollte. Die Spitzen der Wolkenkratzer müssen im Wind geschwankt haben und riesige, schwarze Wolken haben sich über New Jersey aufgetürmt. Und trotzdem–als es los ging, ging es richtig ab! In einer Minute waren die Straßen noch verstopft, in der nächsten? Ein paar Taxis und eine oder zwei kleine schwarze Seelen flohen um ihr Leben. Wind … Regen … Donner… Blitz … So was hast du noch nicht gesehen. Du weißt doch, dass sie in Hollywood Maschinen haben für Regen? Und für Wind? Erinnerst du dich an Gene Kelly in Singing in the Rain? Na, so war es, nur zehnmal stärker. Es war als wären wir unten an den Niagarafällen. Man konnte den Bürgersteig vor Wasser nicht sehen. Und da waren wir, nur wir beide, ganz alleine und knochentrocken in diesem Theatereingang.

MADGE:	Das hört sich sehr romantisch an.
TIFFANY:	Du machst Witze. Dean ist von einem Bein aufs andere gehüpft. Ich dachte, er käme vielleicht zu spät zu einem Termin, aber später hat er mir gestanden, dass er dringend pinkeln musste. Durch das ganze Wasser machte seine Blase Überstunden. Und um es noch schlimmer zu machen, hatte er sich gegen nasse Farbe gelehnt. Er hatte sie am ganzen Jackenärmel entlang und quer über den Rücken. Wie auch immer, wir kamen ins Gespräch. Was hätten wir auch sonst tun sollen? Dumm herumstehen wie Schaufensterpuppen? Und, ist es zu glauben: Wir hatten beide Karten für das Abendkonzert in der Carnegie Hall! Ich glaube, dass nennt man die Macht des Schicksals, nicht wahr?
MADGE:	Ich denke schon.
TIFFANY:	Wie habt ihr euch getroffen?
MADGE:	Oh, ganz normal. Durch Freunde, auf einer Party. Donald hatte sich gerade von seiner ersten Frau getrennt; ich hatte Krach mit meinem Freund, und wir kämpften beide noch mit den Nachwirkungen.
TIFFANY:	Ach.
MADGE:	"Ach" heißt, du hast dir eine Meinung gebildet und ich weiß, welche das ist: Heiraten in Eile bereut man in Weile. Ganz besonders bei Nach-

	wirkungen.
TIFFANY:	Bist du ein Gedankenleser? Leg mir keine Worte in den Mund. Ich habe das nicht gesagt.
MADGE:	Aber das war es, was du gedacht hast. Na–wir haben nicht übereilt geheiratet. Wir haben uns Zeit gelassen.
TIFFANY:	Aber bereust du es?
MADGE:	Ich weiß nicht... manchmal... vielleicht... Ich glaube, mein Pferd konnte man nicht zähmen.
TIFFANY:	Oder vielleicht magst du ihn ja ein bisschen wild. Wir sind nicht alle gleich, Gott sei Dank. Was für eine langweilige Welt wäre das. Also er flirtet ein bisschen. Ich hab ihn in Paris gesehen. Er ist ein normaler, heißblütiger Durchschnittsmann, warum sollte er nicht hübschen Mädchen hinterherschauen? Dean würde das auch, wenn er eins sehen könnte. Das schadet nichts. Aber ich schätze, das war gerade etwas unpassend, hm? Ich weiß eigentlich gar nichts über dich. Ich halte besser meine große Klappe.
MADGE:	Nein, tu das bloß nicht. Es tut gut, jemanden zum Reden zu haben.
TIFFANY:	Honey, wir reden doch gar nicht. Wir schleichen um den heißen Brei.
MADGE:	Na ja, das ist nichts, womit man mit der Tür ins Haus fällt, oder?
TIFFANY:	Besonders nicht bei einer Ferienbekanntschaft

	mit großer Klappe.
MADGE:	Oh, du bist mehr als das.
TIFFANY:	Du meinst meine Klappe ist sogar noch größer als ich denke?
MADGE:	Nein, ich meine, es wäre leichter mit einem vollkommen Fremden, sagen wir, jemand dem du in einem Zug begegnest, den du aller Wahrscheinlichkeit nach nie wieder triffst. Aber, egal. Es ist nicht richtig. Du warst zum Abendessen eingeladen, nicht um Dir rührselige Geschichten oder ehrliche Beichten anzuhören.
TIFFANY:	Aber ich liebe wahre Beichten über alles; je größer, desto besser – sogar wenn sie nicht wahr sind.
DONALD:	(*Ruft aus dem Off*) Was ist mit dem Kaffee?
MADGE:	(*Ruft zurück*) Kommt sofort!
DONALD:	(*Off*) Tiffany? Deine "Perfekte Liebe" wartet auf dich.
TIFFANY:	(Erhebt sich) Siehst du? Er flirtet mit jedem. Nun, ich bin nicht mehr jung und ich bin nicht hübsch, aber ich bin eine Frau und er kann nicht anders als mit mir zu flirten, oder?

Sie geht hinaus. MADGE bleibt nachdenklich stehen. Ein lautes Klopfen von der Eingangstür.

| TIFFANY: | (*Off*) Ich geh schon! Ich weiß, wer es ist! Ha ha ha. |

Die Sprechanlage summt.

Die anderen Stimmen im off sind leiser, während ROBIN
SAM und PAUL TIFFANY vorstellt. Sie gehen in das
Wohnzimmer, wo sie DEAN vorgestellt werden.

JONATHAN: (*Off*) Mami?

MADGE antwortet über die Sprechanlage.

MADGE: Liebling, warum schläfst du nicht?

JONATHAN: Kannst du raufkommen?

MADGE: Wozu?

JONATHAN: Ich möchte dich hier haben.

MADGE: Wozu? Jonathan, du solltest schlafen. Weißt du, wie spät es ist?

JONATHAN: Nein, wie viel Uhr ist es?

MADGE: Lange über deine Heia-Bettszeit. Jetzt geh schlafen.

JONATHAN: Ich kann nicht schlafen.

MADGE: Warum nicht?

TIFFANY: (*Off*) Hallo nochmal! Ha ha ha.

JONATHAN: Da ist eine Frau mit einem komischen Lachen und sie macht, dass ich nicht schlafen kann.

MADGE: Nun, versuch es doch.

JONATHAN: Ich habe es ja versucht. Ist Onkel Pauli da?

MADGE: Nein.

JONATHAN: Ist er doch. Ich habe ihn an der Tür gehört. Mami! Du hast gelogen!

MADGE: Als ich "nein" sagte, meinte ich: "Nein, er ist nicht in der Küche." Er ist im Wohnzimmer bei

Daddy und den Besuchern.

PAUL erscheint und lehnt sich gegen die Küchentür. Er droht mahnend mit dem Finger.

Nein, ist er nicht. Er ist in der Küche.

JONATHAN: Kann er hochkommen? Er kann mir vorlesen.

MADGE: Liebling, ich glaube nicht, dass Onkel Pauli gekommen ist um...

PAUL zeigt mit dem Finger zur Decke und mimt das Öffnen eines Buches.

MADGE: O.K., Jonathan, er ist auf dem Weg. Aber nicht lange, verstanden?

JONATHAN: Ja.

MADGE: Und, bitte, dann bist du ein guter Junge und versuchst zu schlafen?

JONATHAN: Ja. Nacht.

MADGE: Gute Nacht, mein Engel. (*Zu Paul*) Du musst wirklich nicht, weißt du. Wenn er lange genug wartet, schläft er ein.

PAUL: Enttäusche niemals ein Kind. Die meisten Probleme dieser Welt kommen von enttäuschten Kindern, die zu enttäuschten Erwachsenen wurden.

MADGE: Warum bist du hinausgegangen? Du hattest kaum Zeit vorgestellt zu werden.

PAUL: Ich wollte dir mir dem Kaffee zu helfen. Donald hat gesagt, wenn ich das nicht mache, hätten wir ihn mit viel Glück zum Frühstück.

MADGE: Was hast du mit den "Du-weißt-schon-was"
            gemacht?

PAUL: Den Du-weißt-schon-was? Oh! (*Er zeigt auf
            den Boden*) Unten sicher deponiert.

MADGE: Gehe ich Recht in der Annahme, dass es drei
            Tassen mehr sind?

PAUL: Ja, tust du.

ROBIN tritt ein.

ROBIN: Und noch drei Gläser für das hier. (*Er hält eine
            mitgebrachte Weinflasche hoch*)

MADGE: Ihr musstet das nicht machen.

ROBIN: Ich weiß, dass wir das nicht mussten. Aber wir
            haben es getan. Dann kann uns Donald nicht
            vorwerfen, wir hätten seinen Wein weggeputzt.

*MADGE unterbricht ihn, indem sie ihm Kaffeetassen ent-
gegenhält.*

MADGE: Wann hat er das je getan?

ROBIN: Das sollte ein Witz sein.

MADGE: Ja, aber weshalb? Donald hat seine Fehler, aber
            Geiz gehört nicht dazu.

ROBIN: Tut mir leid, tut mir leid, war ein blöder Witz.

MADGE: (*Schüttet eine Tasse ein*) Reichlich blöde.

ROBIN: Puh! Wir sind aber empfindlich heute Abend,
            tut mir leid. Ich entschuldige mich.

PAUL: Du tust des Guten zuviel.

Robin sammelt sein Gläser ein.

ROBIN: Vor ein paar Stunden sah es noch so aus als

	wärst du bereit ihn zu erwürgen, und jetzt kannst du kaum abwarten, dich wegen eines harmlosen Witzes schützend vor ihn zu werfen. Wie war das Essen?
MADGE:	(*Schüttet den Kaffee ein*) Lausig. Besonders die Kartoffeln. Die waren praktisch roh.
ROBIN:	Wie war die Schwarzwälder Kirschtorte?
MADGE:	Ein Gedicht.
ROBIN:	Du musst jetzt nicht so enttäuscht klingen.
PAUL:	Du hättest etwas anderes erzählen sollen, dann hätte er sie bezahlt.
ROBIN:	Auf wessen Seite bist du eigentlich?
PAUL:	Ich wusste nicht, dass es Seiten gibt. Wir werden auf einmal etwas bissig hier. Was ist passiert?
ROBIN:	Ich gehe schon. Ich gehe schon.

Er geht zur Tür.

MADGE:	Robin.

Er hält an der Tür an.

	Tut mir leid, dass ich ausgerastet bin.
ROBIN:	Nicht der Rede wert. Tut mir leid, dass das Essen kein Erfolg war.
MADGE:	Wie findest du Tiffany?
ROBIN:	Sie ist kein Mensch.
MADGE:	(*Lacht*) Was meinst du denn damit?
ROBIN:	Sie ist ein Radiosender aus einem Blumenpavillon.

Er geht, aber sein Kopf erscheint wieder.

In Wirklichkeit denke ich, sie ist wunderbar. Und was deinen Ehemann betrifft, der ist so geizig–als Geist würde er seinen ganzen Schrecken für sich behalten und dir nicht mal ein kleines bisschen Angst machen.

Und dann verschwindet er wieder.

MADGE: (*Lacht*) Stimmt nicht, stimmt nicht!

Schweigen. MADGE und PAUL stehen da und schauen sich einen Moment an.

PAUL: Ich geh' mal nach oben zu Jonathan.

MADGE: (*Den Tränen nah*) Was soll ich bloß machen, Paul?

PAUL: Na, wenn ich du wäre, würde ich mich entspannen; geniess den Rest des Abends, schlaf drüber. Morgen ist alles anders und, (*Im Tonfall von Scarlett O'Hara*) Gott ist mein Zeuge, du wirst nie mehr Hunger leiden.

MADGE: (*Schaut ihn ironisch an*) Du meinst, wenn ich darüber schlafe, ändert sich etwas an der Situation?

PAUL: Nein. Aber du vielleicht.

MADGE: Ich wünschte, das könnte ich.

PAUL: Du kannst.

MADGE: Du kannst das vielleicht. Aber ich bin nicht du.

PAUL: Nein. (*Schweigen*) Jonathan wartet auf seine Geschichte.

MADGE: Du wärst wirklich ein großartiger Vater

	geworden, Paul.
PAUL:	Echt? Ich glaube nicht.
MADGE:	Jonathan glaubt das aber. Du bist sehr gut zu ihm. So geduldig. Und nett. Du interessierst dich mehr für ihn als sein wirklicher Vater.
PAUL:	Wir sind Freunde. Wir mögen einander. Er ist wirklich ein netter Junge. Und, nebenbei, ich muss nicht mit ihm zusammenleben.

Er dreht sich zum Gehen.

MADGE:	Paul... machen Frauen je bei dir Annäherungsversuche?
PAUL:	Häufig.
MADGE:	Und wie reagierst du?
PAUL:	Madge, das hört sich jetzt an wie ein wissenschaftliches Experiment. Es kommt darauf an.
MADGE:	Worauf?
PAUL:	Von einer ganzen Reihe Dinge. Das kann man nicht verallgemeinern.
MADGE:	Machen sie Annäherungsversuche, obwohl sie wissen, dass du schwul bist?
PAUL:	Ja.
MADGE:	Magst du Frauen?
PAUL:	Gab es je etwas in meinem Verhalten oder darin wie ich rede einen Hinweis darauf, dass es anders sein könnte?
MADGE:	Nein. Findest du sie attraktiv?
PAUL:	(*Lacht*) Es gibt immer die Ausnahme, die die

	Regel beweist, oder?
MADGE:	Würdest du dich auf eine einlassen, die du attraktiv findest?
PAUL:	Madge, wenn du auf nicht gerade subtile Art herausfinden möchtest, ob ich je mit einer Frau im Bett war, kann ich dir die Mühe sparen und direkt sagen, die Antwort ist ja, aber nicht seit ich mit Robin zusammen bin.
MADGE:	Das sind 15 Jahre!
PAUL:	Also wer zählt denn nun? Ich habe nicht das Gefühl, etwas zu vermissen.
MADGE:	Ist deine Beziehung mit Robin so gut?
PAUL:	Sie ist sehr gut.
MADGE:	Wenn … ich dich also anmachen würde...würdest du mich zurückweisen?
PAUL:	Ja, Madge, ich fürchte, dass würde ich.
MADGE:	Warum? Findest du mich nicht attraktiv?
PAUL:	Madge, du hast einen Ehemann, ich habe einen Partner; wir sind beide in festen Beziehungen.
MADGE:	Das ist eine ziemlich altmodische Einstellung, oder?
PAUL:	Vielleicht bin ich ein altmodischer Typ.
MADGE:	Was, wenn ich dir sagte, ich wäre in dich verliebt?
PAUL:	Ich fürchte, das würde ich nicht glauben.

Er geht hinaus. MADGE steht schweigend einen Moment still.

MADGE: Scheiße!

Sie geht zu ihrem Kaffee zurück.

MADGE: Und der verdammte Kaffee ist eiskalt!

DONALD erscheint im Türrahmen.

DONALD: Hey, Madge! Was zum Teufel ist mit dem Kaffee?

MADGE: Du willst deinen Kaffee? Da hast du deinen Kaffee!

Sie schleudert ihm den Inhalt einer Tasse entgegen, DONALD sieht es kommen, weicht aus und TIFFANY, die hinter ihm aufgetaucht ist, bekommt den Kaffee ab.

AKT II Szene 2

Im Dunkeln sind Pauls und Jonathans Stimmen über die Sprechanlage zu hören.

PAUL: Und wenn sie nicht gestorben sind, dann leben sie noch heute. Ende.

JONATHAN: Das war eine doofe Geschichte.

PAUL: Das war ein Märchen.

JONATHAN: Märchen sind blöd.

PAUL: Warum hast du dann zugehört?

JONATHAN: Ich mag es, wenn du mir vorliest. Lies noch eine vor.

PAUL: Du hattest schon drei.

JONATHAN: Die waren alle blöd.

PAUL: Dann suchst du nächstes Mal selbst eine

Geschichte aus und liest sie vor.

JONATHAN: (*Quengelnd*) Nein! Paul! Lies mir noch eine vor.

PAUL: Nein. Schau mal, Sportsfreund, wenn du jetzt nicht bald schläfst, bringt deine Mutter mich um. Nun komm schon, sei ein guter Junge.

JONATHAN: Ist die Frau mit dem komischen Lachen schon weg?

PAUL: Ich glaube nicht.

JONATHAN: Dann werde ich nie einschlafen.

PAUL: Oh, doch, das wirst du. Schau dich mal an; du kannst kaum noch die Augen offen halten. Gute Nacht.

JONATHAN: Gute Nacht. (*Schweigen als PAUL aufsteht und offenbar zur Tür geht*) Paul?

PAUL: Ja?

JONATHAN: Kann ich einen Guten-Nacht-Kuss haben?

PAUL: (*Kehrt um*) In Ordnung, aber dann schläfst du, ja?

JONATHAN: Ja.

Schweigen wegen des Kusses.

JONATHAN: (*Kichert*) Dein Bart kitzelt.

PAUL: Gute Nacht.

JONATHAN: Gute Nacht, Paul. (*Schweigen als Paul geht*) Paul?

PAUL: Ja?

JONATHAN: Gehen wir morgen in den Zoo?

PAUL: Den Zoo? Warum willst du auf einmal in den Zoo?

JONATHAN: Ich will hören, wie die Hyänen lachen. Ha ha ha!

PAUL: Wirst du jetzt bitte schlafen, junger Mann?

JONATHAN: Ja. Gute Nacht, Paul!

PAUL: Gute Nacht, Jonathan.

Schweigen.

JONATHAN: Paul?

PAUL: Ja?

JONATHAN: Ich hab dich lieb.

PAUL: Danke schön. Ich dich auch. Und jetzt schlaf, ja?

JONATHAN: Ja. Gute Nacht.

PAUL: Gute Nacht.

Lichter gehen an und zeigen wie SAM und ROBIN Backgammon spielen. SAM hat gerade gewürfelt und macht ihren Zug.

ROBIN: Nein, Sam, das kannst du nicht machen.

SAM: Warum nicht?

ROBIN: Ich hab' dir gesagt, warum nicht. Ich habe dir schon fünfzig mal gesagt, warum nicht.

SAM: (*Studiert das Spielbrett*) Oh, ja. Dummchen ich.

ROBIN: Dummchen du.

Sie ändert ihren Zug. ROBIN wirft seine Würfel.

SAM: Eine doppelte Sechs! Ich glaube es nicht! Wieso kriegst du dauernd einen Pasch? Das ist nicht fair, du hast meine schon zum zweiten Mal rausgeworfen!

ROBIN: Es ist deine Schuld. Ich sage dir schon die ganze Zeit, du sollst deine nicht ungeschützt lassen.

PAUL betritt rechtzeitig den Raum um es zu höre.

PAUL: Bringst du ihr das Spiel des Lebens bei?

ROBIN: Klar.

PAUL: Dann zeigst du ihr die falschen Regeln.

ROBIN: Ach, ja? Können wir jetzt weiterspielen? Sam, machst du jetzt deinen Zug? Du hast echt Glück, dass du nicht mit einem Griechen spielst.

SAM: Ach? Und wieso das?

ROBIN: Weil Backgammon ihre Leidenschaft ist, stärker als jede Religion, mehr als du-weißt-schon-was. Ein Grieche würde dir bei jedem dusseligen Zug an die Gurgel gehen anstatt nett und höflich zu sein so wie ich. Spiel, um Gottes Willen!

SAM: Was mach ich mit einer eins und einer zwei?

ROBIN: (*Steht auf*) Und drei und vier und eins, cha cha cha und zwei cha cha cha. Sag einfach Bescheid, wenn du mit soweit bist, dann höre ich auf zu tanzen.

PAUL: Was macht ihr beiden eigentlich hier drin? Solltet ihr nicht nebenan und gesellig sein? Dafür sind wir doch eingeladen worden, um uns mit den Eingeborenen zu verbrüdern.

ROBIN:	Hast du denn nicht gehört? Die Eingeborenen sind unruhig heute Nacht. Hörst du diese Trommeln? Cha Cha Cha. Und mir sind die Perlen ausgegangen.
SAM:	Ich habe gesetzt.
ROBIN:	Wohin hast du sie gesetzt?
SAM:	Na, ich musste doch hereinkommen, oder? Und ich konnte nur mit der eins reinkommen. Die zwei ist gesichert.

ROBIN schüttelt die Würfel und wirft.

SAM:	Du hast schon wieder einen Pasch geworfen!
ROBIN:	Aber ich hab nichts davon, Schätzchen, oder? Weil ich nicht setzen kann.

Er tippt auf das Spielbrett.

SAM:	(*Erfreut*) Oh, ja!
PAUL:	Hat jeder Kaffee gehabt?
ROBIN:	Nur Tiffany. Hey! Du weißt ja gar nicht, was passiert ist.
PAUL:	Ja, doch, mehr oder weniger. Ich bekam einen etwas wirren Bericht, als ich die Treppe herunterkam.
ROBIN:	Oh, komm schon! Es ist sehr spannend; lass mich dich damit langweilen.
PAUL:	Um was spielt ihr?
ROBIN:	Spaß. Wofür sind Spiele sonst da?
PAUL:	Kein Einsatz?
ROBIN:	Ficken. Auf die Art verliert keiner.

71

PAUL:	Willst du Kaffee? (*Er prüft die Temperatur an der Kaffeekanne*)
ROBIN:	Nein, danke. Ich bleib bei dem hier. (*Zeigt auf sein Weinglas*)
PAUL:	Er ist kalt geworden. Robin, ich glaube wirklich, wir sollten geselliger sein.
ROBIN:	Du machst Witze! Hast du je versucht probiert mit einem Eisberg gesellig zu sein? Der letzte, der das versucht hat, war der Kapitän der Titanic.
SAM:	Ich finde dieses Spiel sowieso langweilig.
ROBIN:	Nur weil du verlierst.

SAM steht auf und geht hinaus. ROBIN geht zu PAUL.

	Kommst du?
PAUL:	Sobald ich Kaffee gemacht habe. Selbst wenn sonst keiner welchen will, ich ganz bestimmt.
ROBIN:	Du kannst ohne deinen Kaffee nicht leben, oder? Ich glaube, du liebst ihn sogar mehr als mich.
PAUL:	Nein.
ROBIN:	Wieso nein?
PAUL:	Weil das völlig blöde wäre.
ROBIN:	Dann zeig's mir. Zeichen sind alles.
PAUL:	Warum setzt du kein Zeichen und gehst nach nebenan?

ROBIN legt seinen Arm um PAULs Taille, PAUL tut dasselbe bei ROBIN.

ROBIN:	Niemand hat uns heute Abend gesagt, dass wir den Sicherheitsgurt anlegen sollten.
PAUL:	Oh, doch, das haben sie: der Pilot, der Co-Pilot, der Chefsteward, die Stewardessen und Bette Davis, sie alle haben es uns gesagt, aber wir waren zu dumm, darauf zu hören.
ROBIN:	Ich liebe dich.
PAUL:	Ich glaube, du bist betrunken.
ROBIN:	Betrunken oder nüchtern, ich liebe dich.
PAUL:	Ich bin heute abend sehr beliebt.

ROBIN würde gern mehr sagen, findet aber nicht die richtigen Worte. Er lächelt PAUL an, legt seine Arme um PAULS Hals und legt den Kopf an seine Brust. DEAN tritt ein. Er sieht etwas mitgenommen aus.

DEAN:	Oh! Entschuldigung.
ROBIN:	(*Schaut sich um*) Wieso, was hast du gemacht?
DEAN:	Nein... ich meine... ich scheine euch bei etwas unterbrochen zu haben.
ROBIN:	(*Zurück zu PAUL*) Wir sind fertig. Wenn das Schiff nicht den Eisberg trifft, sorgt der Eisberg mit einer Scheißsicherheit dafür, das Schiff zu treffen.
DEAN:	(*Winkt mit dem Glas*) Ich suche Nachschlag. Donald ist auf dem Klo und die Damen versuchen im Badezimmer irgendwas mit Tiffanys Kleid zu machen und der Cognac ist komplett alle.

PAUL:	Was hättest du gern?
DEAN:	Tja, wenn noch etwas Scotch da ist?
ROBIN:	Entschuldigt.

ROBIN schlüpft aus dem Raum.

PAUL:	Eis?
DEAN:	Pardon?
PAUL:	Möchtest du den Scotch mit Eis?
DEAN:	Danke.

PAUL holt das Eis aus dem Kühlschrank, nimmt DEANs Glas und geht zu den Drinks.

	Na... das hier kann man wohl eine ziemliche Party nennen.
PAUL:	Ziemlich.
DEAN:	Das was ihr Jungen, glaube ich, eine wilde Fete nennt?
PAUL:	Raven trifft's wahrscheinlich eher. War "wilde Fete" nicht ein Ausdruck aus den Siebziger? Frag mich nicht, was der moderne Ausdruck ist, ich komm heutzutage nicht mehr mit. Ich bin nämlich kein junger Bursche mehr.
DEAN:	Klar bist du das, im Vergleich zu mir.
PAUL:	Ach, komm! Ich glaube nicht, dass da mehr als zehn Jahre Unterschied sind.

Er reicht DEAN seinen Drink und bringt das Eis wieder zum Kühlschrank.

DEAN:	Stell dir vor... ich bin fünfundfünfzig.
PAUL:	Na, dann hab ich um zwei Jahre daneben

	gelegen.
DEAN:	Du bist Siebenundvierzig?
PAUL:	Dreiundvierzig.
DEAN:	Das ist bemerkenswert.
PAUL:	Das war vielleicht im Mittelalter bemerkenswert gewesen, aber heutzutage ist Langlebigkeit die Norm.
DEAN:	Nein, ich meine...trinkst du nichts?
PAUL:	Doch.
DEAN:	Ich sehe aber kein Glas.
PAUL:	Das liegt daran, dass ich aus einer Tasse trinke. Alter englischer Brauch.
DEAN:	Du trinkst Kaffee? Das ist schlimm, Paul. Kaffee ist sehr schlecht für dich; ebenso Eier, Salz, Käse, Sahne, rotes Fleisch...
PAUL:	Alkohol?
DEAN:	Ach, du meinst das hier? Das ist... nur hin und wieder... gelegentlich. Ein Mann muss manchmal fünfe gerade sein lassen.
PAUL:	Natürlich.
DEAN:	Was habe ich gerade gesagt? Ach ja, dein Alter. Du hast dich erstaunlich gut gehalten.
PAUL:	Danke sehr. Das hört sich an, als wäre ich eine preisgekrönte Gurke.
DEAN:	Erstaunlich gut. Du hast dich erstaunlich gut gehalten für dein Alter, Paul. Bist du sicher, dass du keinen Drink willst?

PAUL schüttelt den Kopf.

Ich hätte dich nie auf dreiundvierzig geschätzt.

Hättest du gedacht, dass ich fünfundfünfzig bin?

PAUL: Ich hätte gedacht, dass du fünfundfünfzig bist, Dean.

DEAN: Ja, stimmt schon. Wenn der Lack ab ist, ist er ab.

PAUL: Das habe ich nicht gesagt.

DEAN: Vielleicht nicht, aber ich sage es. Puh! (*Er bläst lange und angestrengt den Atem aus und starrt in sein Glas*) Ich war nie ein Hingucker. War nie gutaussehend. Hatte Grips. Hatte immer nur Grips. Grips macht aber keinen an.

PAUL: (*Wird nervös*) Dean, glaubst du nicht...?

DEAN: Nimm dich, zum Beispiel. Ich wette, du hattest nie Probleme. Du bist ein sehr gutaussehender Mann, weißt du das? Ich würde sogar soweit gehen zu sagen hübsch.

PAUL: Ich glaube, Donald ist inzwischen raus aus dem Klo, und...

DEAN: Versteh mich nicht falsch, Paul. Ich will dir nicht schmeicheln. Denk ja nicht, dass ich dich schmeichle. Ich stelle nur eine Tatsache fest, das ist alles.

PAUL: Oh.

DEAN: Wohnen du und dein Mitbewohner schon

	lange zusammen?
PAUL:	Sehr lange.
DEAN:	Sehr eng, hm?
PAUL:	Könnte nicht enger sein.
DEAN:	Ich verstehe das. Und ich weiß das zu schätzen.
	Das ist eine schöne Sache. (*Er schaut wieder in sein Glas*) Es ist mit nichts zu vergleichen.
PAUL:	Ich glaube nicht, dass... Pass auf, sollen wir jetzt nicht nach nebenan gehen? Ich nehme meinen Kaffee mit. Vielleicht sind die anderen...
DEAN:	Nein, nein, lass uns noch einen Moment hier bleiben. Ich hatte bis jetzt kaum Gelegenheit mit dir zur reden. Du bist sofort wieder verschwunden, nachdem du hereingekommen bist. Ich konnte mich kaum vorstellen, und das ist die erste Möglichkeit für mich mit dir zu reden. Ich weiß wirklich zu schätzen, dass ich euch kennengelernt habe und würde gerne noch etwas reden. Hast du das Baby ins Bett gekriegt?
PAUL:	Er ist kaum ein Baby und er war schon im Bett. Ich musste ihn nur zum einschlafen bringen. Aber das ist meist leichter gesagt als getan.
DEAN:	Das ist das Problem, es ist immer leichter gesagt als getan. Es ist immer leichter zu denken als zu handeln. Nein, als Gott die Körperteile verteilt hat, stand ich ganz hinten in der Schlange. Er

hatte nur noch Gehirne im Regal, also gab er mir ein Gehirn. Bloß können die anderen Grips nicht sehen. Ich bin schlecht weggekommen, Paul.

PAUL: Wie kannst du das sagen? Die Welt ist überschwemmt von Hohlköpfen, die nichts zwischen den Ohren haben. Du solltest dankbar sein, dass du Verstand hast.

DEAN: Scheißdreck! Entschuldigung. Wenn du einen tollen Körper und ein nettes Gesicht hast, hast du schon halb gewonnen bevor du angefangen hast.

PAUL: Wie kann ein Mann mit Verstand so was sagen?

DEAN: Weil es wahr ist. Die Gutaussehenden sind die Gewinner dieser Welt.

PAUL: Hängt vom Einsatz ab. Hängt von deinen Prioritäten ab.

DEAN: Meine Prioritäten, Paul, waren... ich sage "waren", weil ich jetzt die besten Jahre hinter mir habe; ich benutze absichtlich die Vergangenheitsform... meine Prioritäten waren, der heisseste Hengst auf zwei Beinen zu sein. Und was war ich? Ein kurzsichtiger, magerer Junge mit chronisch verstopfen Nebenhöhlen und einer Wampe. Jetzt darfst du lachen.

PAUL: Ich lache nicht. Ich lächle.

DEAN: Weil du es dir vorstellen kannst, nicht? Das

machten sie alle, sie lachten. Es ist schlimm genug, ein Fettwanst mit Wampe zu sein, aber mager zu sein und eine Wampe zu haben, das ist lächerlich. Als Student am College war ich umgeben von all diesen Sportskanonen mit ihren festen, kleinen Hintern. Sie ließen ihren verdammten Bizeps spielen und alles andere auch. Und daneben ich - war geil wie ein Straßenkater und hab mich nicht mal getraut, mein Hemd in der Öffentlichkeit auszuziehen. Und damit musste ich mein Leben lang zurechtkommen.

PAUL: Ich glaube, Einstein hätte nie so gedacht.

DEAN: Ich rede aber nicht von Einstein, verdammt, ich rede über mich! Mich! Ich, ich ich! Ich verbringe mein ganzes Leben damit, von Hintern zu träumen.

PAUL: Hintern?

DEAN: Yeah, Hintern. Knackärsche, weißt du, Ärsche. Hübsche, propere Ärsche. Ist das nicht lächerlich? Hier steh ich, Master, Doktor der Philosophie und verbringe mein Leben damit, von Ärschen zu träumen. Ich weiß noch nicht einmal so viel über mein Fachgebiet. Ich glaube, ich leide an einer Krankheit im Endstadium.

PAUL: Du hast Tiffany geheiratet.

DEAN: Du verstehst nicht, oder?

PAUL:	Doch, das tue ich. Ich verstehe sehr gut. Ich glaube, du hast zum einen zu viel getrunken und...
DEAN:	Zum Teufel! Warum nicht? Klar habe ich Tiffany geheiratet und wir stehen uns nahe, sehr nahe. Wir sind uns so gottverdammt nahe, dass ich manchmal denke, sie hat einen dieser unsichtbaren Kleber benutzt. Weißt du, dass ich es in all den Jahren, die wir zusammen sind, zweimal geschafft habe, von ihr wegzukommen. Stell dir das mal vor. Zweimal nur. Nein, ich lüge: ich hatte eine kurze Atempause, als Mike geboren wurde. Aber das war Zuhause, im kleinstädtischen Amerika, und komplett nutzlos. Wozu frei und ungebunden sein, wenn man von Wiedertäufern und erzkonservativen Christen umzingelt ist? Nein, zweimal. Einmal, in New York, als sie Kopfschmerzen hatte, konnte ich einen Nachmittag lang weg, und gestern hier in London konnte ich auch für einen Nachmittag weg.
PAUL:	Und wie hast du deine Nachmittage verbracht?
DEAN:	In New York bin ich am Times Square, auf der 42.Straße und der 8. Avenue herumgelaufen. Ich ging dann in eine dieser Shows, du weißt schon, DIESE Shows? Live. Alles passiert direkt vor deiner Nase.

PAUL:	Ich bin nie in New York gewesen.
DEAN:	Aber du weißt, was ich meine. Ich meine, gestern war ich in Soho.
PAUL:	Ich weiß, was du meinst.
DEAN:	Beide Male habe ich, wie der Jargon sich ausdrückt, gevögelt.
PAUL:	Und ich wette, du bist beide Male ordentlich über den Tisch gezogen worden.
DEAN:	Ich hatte meinen Spaß. Ich habe die Wucherpreise mit Traveller Cheques bezahlt, aber ich hatte meinen Spaß, und näher bin ich nie ans Hengst-Sein herangekommen.
PAUL:	Wir haben alle unerfüllte Träume.
DEAN:	Aber nicht zwanzigtausend unerfüllte Orgasmen! Ich brauche noch einen Drink.

Er schwankt zu den Getränken, gerade als Tiffany, die einen, grauen Trainingsanzug trägt, hereinkommt.

TIFFANY:	Dean! Was tust du?
DEAN:	Mein Gott! Du siehst aus wie eine Henne, die ihre Schwanzfedern verloren hat.
TIFFANY:	Hat er getrunken?
DEAN:	Sag's mir nicht; wo versteckst du deine Ostereier?
TIFFANY:	Du hast getrunken.
DEAN:	Paul und ich hatten… haben ein Gespräch von Mann zu Mann.
TIFFANY:	Ein Gespräch von Mann zu Säufer, so wie du

	aussiehst. Bist du verrückt? Was hat Doktor Baxter dir über das Trinken gesagt? Morgen früh wirst du in einem derartigen Zustand sein...
PAUL:	Ich fürchte, er ist jetzt schon in einem Zustand.
TIFFANY:	Und ich bin es, die darunter zu leiden hat. Hast du daran gedacht, dir ein neues Rezept ausstellen zu lassen? Er braucht jeden Tag drei verschiedene Medikamente, nur um auf den Beinen zu bleiben, und er haut sich freiwillig selbst aus den Socken. Du bist krank, Dean McBell, weißt du das? Krank, krank, krank! Sich zu betrinken ist krank.
DEAN:	Was trägst du da überhaupt?
TIFFANY:	Es ist ein Jogginganzug, wonach sieht's denn aus? Madges Sachen passen mir nicht, deshalb musste ich mir was von Donald leihen.
PAUL:	Wo ist Madge?
TIFFANY:	Bügelt mein Kleid, ich hab' ihr gesagt, sie soll sich die Mühe nicht machen, aber sie bestand darauf. Meinte, es würde nicht trocknen, wenn sie es nicht täte...
PAUL:	Ist es in Ordnung?
TIFFANY:	Klar ist es in Ordnung. Dean! Komm da weg und stell dein Glas hin. Du hattest genug.
DEAN:	Ich hatte nicht genug.
TIFFANY:	Ich entschuldige mich für ihn, Paul.

DEAN:	Und du musst dich nicht für mich entschuldigen. Ich habe genug davon, dass du dich dauernd für mich entschuldigst. Das ist eine Sache, von der ich genug habe. Du hast unser Leben damit verbracht, dich für mich zu entschuldigen. Auf unserer Hochzeit hast du dich bei unseren Gästen dafür entschuldigt, mich zu heiraten.
TIFFANY:	Nimm keine Notiz von ihm, Paul. Wenn er so ist, was nicht besonders oft passiert, kann ich zum Glück sagen, ist es am besten ihn zu ignorieren.
PAUL:	Natürlich.
TIFFANY:	Es ist ein Jammer, dass Dean keinen Kaffee trinken darf. Das würde ihn etwas ernüchtern.
DEAN:	Wenn ich Kaffee trinken will, dann trinke ich Kaffee.
TIFFANY:	Trink Kaffee, mach nur weiter und vergifte dich selbst. Aber komm dann nicht schreiend angelaufen, dass du stirbst, wenn du davon Herzrasen bekommst.
DEAN:	Oh, Gott! Tiffany, würdest du mir bitte einen Gefallen tun? Gehst du netterweise hinaus und lässt Paul und mich unser Gespräch beenden?
PAUL:	Ich dachte, es wäre beendet!
TIFFANY:	Darüber reden wir, wenn du nüchtern bist. Ich bin froh, dass deine Kollegen zu Hause dich

nicht in diesem Zustand sehen können. Das wäre dein Ende, Dean McBell. Was soll ich unseren Gastgebern sagen?

DEAN: Du wirst dir schon eine passende Entschuldigung ausdenken.

TIFFANY: Wenn du den barmherzigen Samariter spielen willst, Paul, ist das deine Sache, aber glaube mir, in dem Zustand, in dem er ist, kann man mit ihm über gar nichts reden.

Sie fegt hinaus, den Kaffeebecher – fest umklammert.

PAUL: Tiffany! Warte!

Aber DEAN schiebt sich zwischen PAUL und die Tür.

DEAN: Nein... lass sie gehen.

Er hat seine Hände auf Pauls Schultern.

Du bleibst hier und redest mit mir.

Er lässt die Hände sinken und geht sein Glas holen. PAUL ist beunruhigt. Er schaut zur Tür, schaut zu DEAN, schaut zurück zur Tür. DEAN läßt sich auf einen Stuhl fallen.

Siehst du wie das ist? Das nennt man den heiligen Stand der Ehe. Siehst du, was ich dreißig Jahre aushalten musste?

PAUL: Das ist nur, weil sie sich Sorgen um dich macht.

DEAN: Sie bringt mich mit ihren Sorgen in ein frühes Grab. Würdest du dir das gefallen lassen?

Er fängt leise an zu weinen. PAUL ist jetzt wirklich beunruhigt.

PAUL: Dean... Dean, bist du O.K.? Pass auf, ich glaube,

du hattest jetzt wirklich genug davon.

Er geht zu DEAN und nimmt dessen Glas. DEAN wirft seine Arme um PAULs Taille.

Erfülle meine Träume, Paul.

PAUL, behindert vom Glas, versucht sich zu befreien.

PAUL: Lass mich los...Dean!

DEAN: Ich bin verrückt nach dir.

PAUL: Du bist verrückt.

Er macht einen Schritt zurück und zieht DEAN mit sich. DEAN kommt unbeholfen auf die Füße.

DEAN: Vom Augenblick an, als du ins Zimmer kamst...

PAUL: Dean, wirst du mich wohl loslassen?

DEAN: Ich muss es sagen, es ist nicht mehr viel Zeit.

PAUL: Es ist gar keine Zeit.

DEAN: Übermorgen geht's zurück in die Staaten.

PAUL: Ich gehe ins Wohnzimmer und zwar genau jetzt. (*Er strengt sich an um von DEAN loszukommen*) Würdest du .. mich gehen lassen?

DEAN: Es muss jetzt sein, Paul! Jetzt!

PAUL: Um Himmels Willen, Dean! Hast du den Verstand verloren? Die Tür steht weit offen! Es könnte jemand hereinkommen!

DEAN: Lass sie doch! Lass sie!

PAUL: Nimmst du wohl deine Hände weg?

DEAN: Bitte, Paul, bitte!

PAUL beschließt, dass ruhige Besonnenheit mehr Erfolg haben könnte. Er hört auf, sich zu wehren.

PAUL: Pass auf, Dean... das hier ist lächerlich. Hör
               bitte auf. Ich will nicht ernsthaft sauer werden,
               aber wenn du nicht...

DEAN rutscht an Pauls Körper herunter, bis er auf seinen
Knien ist. PAUL erstarrt. DEAN vergräbt sein Gesicht
in Pauls Schritt, als DONALD in der Tür erscheint.
DONALDs Kinnlade schlägt fast auf dem Fußboden auf.

AKT III

Etwa fünfzehn Minuten später.

DEAN und TIFFANY sitzen so weit auseinander wie es
geht. DEAN trägt seinen Burberry und hat die Kamera
umgehängt. Er hält den Deerstalker in der Hand.

TIFFANYs rosa Plastikregenzeug liegt über ihren Knien.
Sie hat wieder ihr Blumenkleid an.

Sie sitzen und starren vor sich hin. Langes Schweigen.

DEAN: Sag was.

Schweigen. Er schielt zu TIFFANY. Sie bewegt sich nicht. Er
schaut wieder nach vorn. Schweigen.

               Ich nehme an, du willst dich scheiden lassen.
               (*Keine Antwort*) Ja?

TIFFANY: Dean, wenn du deinen Mund schon aufma-
               chen musst, und gerade jetzt wünschte ich,
               du tätest das nicht, weil es wahrscheinlich nur
               noch peinlicher wird als es ohnehin schon ist,

dann rede wenigstens keinen Unsinn.

DEAN: Du meinst, du willst keine Scheidung?

TIFFANY: (*Wendet sich ihm vorwurfsvoll zu*) Wie lange willst du schon eine Scheidung?

DEAN: Wer hat was von Scheidung gesagt?

TIFFANY: Du. Gerade eben. Hörst du dir selbst nicht zu?

DEAN: Ich hatte das auf dich bezogen.

TIFFANY: Man braucht zwei für eine Scheidung, Dean. Zwei zum heiraten und zwei zum scheiden lassen. (*Sie schaut wieder geradeaus. Schweigen*) Ich dachte, du liebst mich.

DEAN: Das tue ich. (*Er blickt finster*)

TIFFANY: Warum hast du das dann gemacht, Dean?

DEAN: Keine Ahnung. Es kam etwas über mich. Ich war betrunken. Ich wusste nicht mehr, was ich gemacht habe.

TIFFANY: Lag es an ihm?

Sie wenden sich einander zu und schauen sich an.

TIFFANY: Hat er damit angefangen? Hat er sich zweideutig verhalten?

DEAN: Ich... glaube... nicht... ich kann mich nicht erinnern.

TIFFANY: Bist du noch betrunken?

DEAN: Ich fürchte ja.

TIFFANY: Er war es. Wie hätte das sonst passieren können. Wir wissen ja, was mit ihm und seinem Mitbewohner los ist. Ha! Mein Gott, ich hoffe, die

	Fakultät wird nie davon erfahren.
DEAN:	(*Alarmiert*) Wie sollte sie?
TIFFANY:	Das kleinste Anzeichen eines solchen Skandals und... Wir müssten alles verkaufen und wegziehen, das ist dir doch klar... Und ich meine weg. W – E – G. Weg aus dem Staat, so weit wie möglich. Was würde ich unseren Freunden sagen? Unseren Nachbarn? Der Gemeinde?

Beunruhigt durch ihre Vorstellungen, steht sie auf und geht auf und ab. Er beobachtet sie, ein Bild der Ängstlichkeit.

DEAN:	Es tut mir leid, Tiffany.
TIFFANY:	Der Bridge Club!

Ihre Knie geben nach und sie fällt auf einen Stuhl.

DEAN:	(*Er zerknetet den Deerstalker*) Nicht, Tiffany, nicht. Es ist nicht so, wie es aussieht.
TIFFANY:	Nein? Wahrscheinlich könnten wir es auch abstreiten. Aber du weist ja, es heißt, kein Rauch ohne Feuer, und die Leute glauben immer sofort an das Schlimmste.
DEAN:	Wie bei Cheryl Zinowsky?
TIFFANY:	Wage bloß nicht, dich in einem Atem mit dieser Frau zu nennen.
DEAN:	Kanntest du je einen Ehemann, ich meine persönlich kennen, den Cheryl Zinowsky verführt hat?
TIFFANY:	Cheryl Zinowsky ist eine Nymphomanin. Alle in der Stadt wissen über Cheryl Zinowsky

	Bescheid.
DEAN:	So wie du befürchtest, dass sie über mich Bescheid wissen könnten, meine ich, über etwas, dass vielleicht heute abend passiert sein könnte. Etwas, worüber sie klatschen könnten.
TIFFANY:	Sobald wir nach Hause kommen, Dean McBell, gehst du zu einem Psychiater.
DEAN:	Wenn du meinst. (*Schweigen*) Das wird sehr teuer. (*Schweigen*) Mit einer Scheidung wärst du besser dran.
TIFFANY:	Jetzt fängst du schon wieder an, von Scheidung zu reden. Für eine Scheidung muss es einen Grund geben. Gründe müssen benannt werden. Und welche Scheidungsgründe haben wir, die keinen Skandal auslösen würden?
DEAN:	Mir scheint, heutzutage braucht man nicht viele Gründe. Ich glaube, du kannst eine Schnellscheidung haben; man nennt das "Quickie"– praktisch ohne jeden Grund. Unverträglichkeit?
TIFFANY:	Nach dreißig Jahren?
DEAN:	Ein geschickter Anwalt würde sich schon einen Grund ausdenken.
TIFFANY:	Ich will kein Wort mehr hören.
DEAN:	Auch ein weniger gewiefter Anwalt kann Gründe erfinden.
TIFFANY:	Dean! Ich habe nicht vor, die Scheidung einzu-

reichen, also hältst du wohl freundlicherweise die Klappe? (*Schweigen*) Wo zum Teufel bleibt das Taxi? Der Mann hat gesagt, zehn Minuten. Fühlt sich eher an wie zehn Stunden. Zehn Jahre. Du hast mich um zehn Jahre meines Lebens gebracht, Dean McBell. Mindestens. Da kommt jemand!

Sie steht auf, geht zu DEAN und drückt seinen Kopf an sich. MADGE tritt ein.

MADGE: Wie geht's ihm? Fühlt er sich besser?

TIFFANY: Ich denke schon. Wie geht's dir, Dean?

DEAN: Besser.

MADGE: Bist du sicher, dass wir keinen Arzt holen sollten?

TIFFANY: Vollkommen sicher, danke, Madge; Es tut mir so leid, dass das passieren musste, es war so eine nette Party. Aber wenn er seine Anwandlungen kriegt, ist es am besten, ihn nach Hause ins Bett zu schaffen. Und ihn da schön ruhig zu halten.

MADGE: Na, das Taxi sollte bald da sein. Wenn nicht, rufe ich noch mal an. Kann ich dir noch etwas bringen?

TIFFANY: Nein, danke. Wir sitzen einfach ruhig hier und warten.

SAM erscheint.

SAM: Hi! Wie geht's dem Patienten?

TIFFANY:	Oh, keine Sorge. Ihm geht es bald wieder gut.
SAM:	Gut.
MADGE:	Wenn du etwas brauchst, sag Bescheid.
TIFFANY:	Danke.

MADGE schiebt SAM hinaus.

DEAN:	Siehst du? Alles in Ordnung. Eigentlich ist doch wirklich nichts passiert. Alle sorgen sich.
TIFFANY:	Das glaubst du doch nicht eine Sekunde im Ernst, Dean McBell. Keine falsche Sicherheit hier. Ich weiß, was in diesem Raum passiert ist und dieser Klugscheißer Paul weiß auch, was passiert ist. Und wenn die anderen es nicht wissen, dann allein deshalb, weil ich mich nicht nur für dich entschuldigen und Ausflüchte finden musste, sondern ich diesmal auch die Geistesgegenwart hatte, alles für dich zu vertuschen. Und jetzt will ich nicht mehr darüber reden, nicht heute Nacht. Ich kriege Kopfschmerzen.

Sie zieht ihr Regenzeug an. DEAN schaut auf seine Kamera.

DEAN:	Ich hab' nicht mal Fotos gemacht.
TIFFANY:	Umso besser, würde ich sagen.
DEAN:	Ich habe Bilder von uns zusammen in Paris.
TIFFANY:	Na, ich würde mir nicht mal die Mühe machen, sie ihnen zu schicken. Was hast du vor? Willst du ihnen schreiben:"Hi ! Erinnert ihr euch an mich? Ich war der Typ, der es mit eurem Freund

	auf dem Küchenfußboden treiben wollte? Hoffentlich treffen wir uns bald mal wieder."
DEAN:	Wie kannst du solche Sachen sagen?
TIFFANY:	Was für Sachen?
DEAN:	Was du gerade gesagt hast.
TIFFANY:	Weil wir die Hälfte von unseren Ersparnissen auf diesem sogenanntem Traumurlaub ausgegeben haben, und du, du kleiner akademischer Scheißer, wahrscheinlich die andere Hälfte aufs Spiel gesetzt hast, indem du dich besoffen und in eine alternde Schwuchtel verwandelt hast! Was bist du–eine Art Jekyll und Hyde oder so? Ich bin seit dreißig Jahren mit einer schizophrenen Tunte verheiratet und hatte keine Ahnung. Aber ich habe immer geahnt, dass irgendwo etwas faul sein muss. Nur ein Spinner würde in New York im Gewitter ohne Regenschirm herumspazieren.
DEAN:	Du hattest auch keinen.
TIFFANY:	Ich hatte Regenzeug dabei.
DEAN:	Ich habe nichts gesehen.
TIFFANY:	Es war in meiner Handtasche zusammengerollt.
DEAN:	Und warum hast du es dann nicht benutzt?
TIFFANY:	Weil es nicht genügt hätte. So wie du. Es wäre, wie man sagt, der Situation nicht gewachsen gewesen. Weshalb ich dir gegenüber schon die

	ganze Zeit meine Zweifel hatte. Es kam viel zu oft vor, dass du der Situation nicht gewachsen warst.
DEAN:	Wenn du schon die ganze Zeit Zweifel hattest, warum hast du dann nie etwas davon gesagt? Du denkst dir das alles aus.
TIFFANY:	Warum sollte ich das tun?
DEAN:	Um auf der Seite der Rechtschaffenen zu sein. Ich kenne dich.
TIFFANY:	Wirklich? Wie wär´s dann damit? Ich habe auch bei unserem Sohn meine Zweifel.
DEAN:	Mike?
TIFFANY:	Habe ich noch einen anderen Sohn, von dem ich nichts weiß?
DEAN:	Was hat Mike getan?
TIFFANY:	Findest du sein Verhalten nicht ein wenig eigenartig, gelinde gesagt?
DEAN:	Nein. Er kam mir immer vor wie ein besonders ausgeglichener, normaler, gesunder Junge... (*Schaut sie scharf an*) ...unter den Umständen.
TIFFANY:	Normal! Und wie kommt es dann, dass alle Mädchen, die er nach Hause bringt, wie Jungen aussehen?
DEAN:	Frau, wovon redest du?
TIFFANY:	Nenn mich nicht Frau. Sie sehen alle aus wie Jungs. Ich habe nie eine in einem Kleid gesehen.
DEAN:	Das liegt daran, dass die Kids heute gerne Jeans

	tragen.
TIFFANY:	Die ganze Zeit? Was ist mit den hübschen Kleidern passiert?
DEAN:	Den hübschen Kleidern ist die Frauenbewegung passiert.
TIFFANY:	Sie sehen alle wie magere Jungs aus und keine hat einen Busen.
DEAN:	Mike mag also schlanke Mädchen, was ist damit nicht in Ordnung?
TIFFANY:	Ohne Busen?
DEAN:	Das mag jetzt neu für dich sein, Tiffany, aber nicht alle Männer mögen große Brüste, manche sind direkt davon abgeturnt. Die Geschmäcker sind verschieden. Wer mag heute noch Rubensfiguren? Außer vielleicht den Arabern. Vielleicht steht Mike einfach nicht auf Holz vor der Hütte.
TIFFANY:	Das will ich auch nicht hoffen. Was zum Teufel bedeutet das?
DEAN:	Ich meine, er ist eben kein Tittenmann. Er kann nicht auf Mädchen mit großen Titten. Ist das deutlich genug?
TIFFANY:	Ich dachte, Jungen sollten sich immer in Mädchen verlieben, die ihren Müttern ähnlich sehen.
DEAN:	Wenn das wahr wäre, warum sich nicht gleich in die Mütter verlieben?

TIFFANY:	Nicht die Mütter der Mädchen, ihre eigenen.
DEAN:	Also, ich gebe zu, diese Theorie habe ich noch nie gehört. Woher hast du die her?
TIFFANY:	Ich kann mich nicht erinnern.
DEAN:	Bist du sicher, dass du das nicht ein bisschen mit dem Ödipuskomplex durcheinanderbringst?
TIFFANY:	Wie auch immer. Wenn das wahr ist, wie kommt es, dass er keine großen Titten mag?
DEAN:	Warum sprichst du nicht mit ihm und findest es heraus?
TIFFANY:	Werde ich.
DEAN:	(*Stöhnt*) Tiffany, der Raum dreht sich. Mehr kann ich nicht aushalten.

Die Türklingel läutet.

TIFFANY:	Sieht so aus, als müsstest du das auch nicht. Das muss das Taxi sein.
DONALD:	(*Off*) Das Taxi ist da.
TIFFANY:	Wir kommen.
DONALD:	(*Off*) Ich geh runter.
TIFFANY:	Jetzt komm schon, Dean, reiß dich zusammen. Sag schön Danke und Auf Wiedersehen und das war's. Ich will keine weiteren Peinlichkeiten heute. Willst du noch ins Bad, bevor wir gehen?
DEAN:	Nein, danke.
TIFFANY:	Na, ich bin überrascht, nach dem was du heruntergespült hast. Deine Nieren müssen eingelegt sein.

MADGE tritt ein.

MADGE: Fertig?

ROBIN folgt ihr.

ROBIN: Kann ich helfen?

TIFFANY: (*Steif*) Danke, hier wird keine Hilfe benötigt.

ROBIN: Braucht er bestimmt keinen Arm als Stütze, oder so?

DEAN: Nein, nein. Mir geht es gut.

Er stolpert zur Tür, gefolgt von TIFFANY.

ROBIN: Na, Tschüss dann. Schön, euch kennengelernt zu haben.

TIFFANY: (*Mit beachtlicher Selbstbeherrschung*) Nett, dich kennengelernt zu haben, Robin. Und dich, Samantha. Grüße Paul von uns.

ROBIN: Das mache ich.

TIFFANY geht, gefolgt von MADGE. ROBIN und SAM stehen an der Tür, den Arm um die Hüfte des anderen.

ROBIN: Bye!

SAM: Bye!

ROBIN: Gute Reise.

SAM: Ja, gute Reise.

ROBIN: Sagt der Freiheitsstatue ein großes Hallo von uns.

Sie drehen sich um, sehen einander an, legen ihre Arme um die Hüften des anderen und ROBIN küsst sie auf die Nase, dann leicht auf den Mund.

ROBIN: Was ist mit unserer Einladung in die Staaten?

SAM: Welche Einladung?

ROBIN: Ach, nichts. Offenbar sind wir keine bezaubernden und interessanten Leute.

Er gibt ihr noch einen flüchtigen Kuss und geht dann zum Telefon und wählt.

SAM: Wen rufst du an?

ROBIN: Paul. Sollen wir zu Ende spielen?

SAM: (*Zuckt mit den Schultern*) Meinst du nicht, wir sollten für heute Schluss machen? Ich bin kaputt.

ROBIN: Warte bis unsere Gastgeber zurückkommen. Wir können nicht gehen, ohne Gute Nacht zu sagen.

SAM: Das ginge schneller auf der Treppe.

ROBIN: (*Ins Telefon*) Sie sind weg... Kommst du rauf? Komm schon, Paul. Du hättest erst gar nicht gehen sollen. Das sah so aus, als wärst du der Schuldige... Meinst du, dein Weggehen hat allen Peinlichkeiten erspart? ...Junge! Ich sag's ja, du bist wirklich naiv. ...Nein, komm mir nicht so ...du bist abgehauen, um dem Krach aus dem Weg zu gehen... Komm schon, Paul, Sam und ich bleiben um die Party zu beenden und Gute Nacht zu sagen, wie zivilisierte Menschen. Komm hoch und sag auch Gute Nacht. Denk' dran, wir müssen alle in diesem Haus leben und wollen doch nicht in den giftigen Schwaden unausgesprochener Verdächtigungen ersticken, okay? ... Nein! Morgen geht's nicht, weil Donald es heute noch ausfechten wird, auch wenn das heißt, dass er runterkommen und an unsere Tür hämmern muss. Also schwing deinen Arsch hier hoch... Gut... Paul? Komm hoch, alles ist vergeben und vergessen... und du mich auch! (*Er legt auf, geht zurück zum Tisch und nimmt SAM bei der Hand*) Gut, wer war dran?

SAM: Ich weiß nicht mehr. Vielleicht sollten wir zuerst Madge helfen und etwas aufräumen.

ROBIN: Seit wann bist du so häuslich? Du bist, mit Sicherheit, die schlampigste Schlampe, die ich kenne. Na gut, auf geht's!

Er fängt an aufzuräumen.

Ich spüle und du trocknest ab.

SAM: Ich meinte, aus dem Weg räumen, stapeln, mehr nicht. Abwaschen möchte ich nicht gerade.

ROBIN: Siehst du? Ich wusste, es war zu schön um wahr zu sein.

SAM: Warum hast du Paul gebeten wiederzukommen? Dir ist wohl klar, dass das jetzt ein Höllentheater gibt? Donald ist fuchsteufelswild wegen dem, was passiert ist.

ROBIN: Donald weiß genauso wenig wie wir, was passiert ist.

SAM:	Er denkt bestimmt, es war Pauls Schuld.
ROBIN:	Er kann denken, was er will. Aber, was auch passiert ist, es kam nicht von Paul. Da gebe ich dir mein Wort drauf. Und deshalb muss Paul zurückkommen–um sein Wort darauf zu geben.
SAM:	Wenn ihn Donald zu Wort kommen lässt.
ROBIN:	Er kann auf sich selber aufpassen und wenn nicht, stehe ich hinter ihm um ihn aufzufangen, wenn er fällt. Ich dachte, wir räumen auf.
SAM:	Oh, ja.

Sie nimmt einen Teller und stellt ihn auf den Stapel, den ROBIN trägt.

ROBIN:	Danke. Weiß deine Gewerkschaft, dass du deine Zielvorgaben überschreitest?

Er bringt die Teller zur Spüle.

SAM:	Glaubst du, Dean ist wirklich krank?
ROBIN:	Ich bin von Blauäugigen umgeben. Das einzige, woran Dean leidet, ist Tiffanyitus. Der Rest, wie Hamlet sagte, ist Hypochondrie.

PAUL tritt ein.

	Schau, wer da ist: Das Haar in der Suppe, der Strich durch die Rechnung, die falsche Schlange, das Opossum im Holzhaufen.
PAUL:	Warum bist du so gut gelaunt?
ROBIN:	Ich versuche, die Stimmung hoch zu halten. Ich kann kein Blut sehen. Was hättest du gern als

letztes Frühstück?

SAM: Was ist denn passiert, Paul? Worum ging es überhaupt? Donald wollte nicht darüber sprechen.

PAUL: Nein? Spart er sich das für den Showdown auf?

ROBIN: Mach schon, rede, erzähl uns zuerst deine Version.

PAUL: Da gibt's nicht viel zu erzählen. Ganz einfach, Dean Dean McBell hat mich angemacht. Und als er gerade in einer, wie soll ich sagen, ziemlich kompromittierenden Position war, kam Donald zufällig herein.

SAM: Welcher Position?

PAUL: (*Dreht sich um und schaut sie an*) Auf den Knien, Liebes.

SAM: (*Kichernd*) Und machte dir einen Antrag?

ROBIN: Das könnte er nicht, das wäre Bigamie.

PAUL: Das ist nicht komisch, Robin. Er tut mir sehr leid. Es war alles... ich weiß nicht... so unbeholfen. Ich hätte netter zu ihm sein sollen. Jedenfalls hat Donalds plötzliches Auftauchen dem ein jähes Ende bereitet.

ROBIN: Und bei Donald sind zwei und zwei fünf und du bist der Schuldige.

PAUL: Genau. Wäre Tiffany ihm nicht auf den Fersen gefolgt, würde ich jetzt wohl nicht hier stehen und es euch erzählen. Nun, ich nehme an, man

	muss sich ihm stellen, deshalb können wir es ebenso gut hinter uns bringen.
ROBIN:	Stellt euch das vor. Ausgerechnet Dean Dean. Ich sage immer, mich kann nichts überraschen, und dann überrasche ich mich damit, dass ich überrascht bin. Das Leben ist voller Überraschungen.
PAUL:	Und niemand war überraschter wie ich.
ROBIN:	Als.
PAUL:	Als ich.
ROBIN:	Wie hat es Tiffany aufgenommen? Ich meine, wusste sie das von ihm, oder war sie noch überraschter als du?
PAUL:	Es muss sie aus den Socken gehauen haben. Aber, und das spricht für Tiffany, sie ist ein Manipulator durch und durch. Weißt du was? Ich glaube, jetzt bin ich mit einem Drink an der Reihe. Was gibt's denn noch? (*Er geht zu den Getränken und gießt sich etwas ein*) Tiffany rauschte herein; eine Galeone in vollen Segeln mit offenen Kanonenluken, bereit für eine Breitseite. Ich sag' euch, sie hat keinen Moment gezögert. Sie rauschte herein, stellte Dean auf die Füße, drängte ihn auf den Stuhl da, setzte ihn hin, lockerte seine Krawatte und machte ein Terz wie eine Glucke, die ihre Küken verteidigt. Als sie mit dem Zirkus aufhörte, war Donald

so benebelt, dass er zu nichts mehr irgendetwas sagen konnte. Dann erschien Madge, und der Rest ist Geschichte.

ROBIN: Nicht ganz, wir sind noch nicht beim letzten Kapitel.

Das Schließen der Haustür ist zu hören.

ROBIN: Und etwas sagt mir, dass wir kurz davor sind. Paul, wie viel kriegen wir wohl für unserer Apartment, wenn wir es jetzt auf den Markt werfen?

DONALD fegt herein, gefolgt von MADGE.

DONALD: Hallo, ihr! Oh, hallo, Paul, du bist wieder da. Na, wir haben sie verabschiedet und ich habe gesagt, dass ich sie übermorgen zum Flughafen bringe. Armer, alter Dean! Er tat mir so leid. Er hat jetzt wirklich ein Problem. Ich würde morgen nicht mit ihm tauschen wollen. Jetzt kommt, wir können uns alle entspannen. Wer will was?

Jeder, außer MADGE, starrt Donald an, als hätte er zwei Köpfe. SAM schüttelt ihre Starre ab. Sie schaut zu ROBIN.

SAM: Äh... ist noch Wein da?

ROBIN: Klar.

Er holt die Flasche und füllt die Gläser nach.

DONALD: Wenn nicht, können wir immer noch eine Flasche aufmachen. Stell noch eine Flasche in den Kühlschrank, Madge.

MADGE:	Ich glaube nicht, dass wir heute Abend noch eine brauchen.
DONALD:	Ach komm schon, das weiß man nie. Die Party fängt vielleicht gerade erst an. Morgen muss keiner zur Arbeit gehen. Was wollt ihr?
MADGE:	Nichts für mich, danke. (*Sie stellt eine Flasche in den Kühlschrank, hält aber inne, als sie Pauls Gesicht sieht*) Es ist alles in Ordnung, Paul, du kannst die Kinnlade wieder hochnehmen. Er weiß es.
PAUL:	Er weiß es? Er weiß was?
MADGE:	Was wirklich passiert ist.
PAUL:	Gott sei Dank. Da bin ich aber froh, aber woher weiß er es?
MADGE:	Ich habe es ihm gesagt.
PAUL:	Ich verstehe. Und woher weißt du, was wirklich passiert ist? Ich meine, du warst nicht mal dabei.
MADGE:	Oh doch. War ich. Glück für dich, was? Dass du jemanden hast, der deine Unschuld beweisen kann.
PAUL:	Ich versteh's nicht. Es war niemand hier im Raum außer Dean und mir selbst. Standest du außen vor der Tür? Nein, das kann nicht sein. Ich hätte dich irgendwann gesehen.
ROBIN:	Madge, mach's nicht so spannend.
MADGE:	Ich war nach oben gegangen um Tiffanys Kleid

zu bügeln, wenn ihr euch erinnert. Trish war ein bisschen unruhig, deshalb habe ich es im Kinderzimmer gemacht. (*Sie tippt auf die Sprechanlage*) Der Zweiwegeschalter war gedrückt. Ich habe jedes Wort gehört.

ROBIN: Ein Ohrenzeuge.

PAUL: Warum zum Teufel bist du nicht heruntergekommen und hast dem Ganzen ein Ende gemacht? Warum hast du es weitergehen lassen?

MADGE: Was hätte ich tun sollen? Ihm einen Eimer Wasser über den Kopf schütten?

ROBIN: Sie hat Recht, Paul; du musst zugeben, das war eine ziemlich heikle Situation, gelinde gesagt.

MADGE: Ich wusste wirklich nicht, was das Beste gewesen wäre, Paul.

ROBIN: Als hätte man zwei schwule Freunde einander vorgestellt, sähe sie Hand in Hand in den Sonnenuntergang davongehen, um dann herauszufinden, dass der eine dem anderen einen Tripper angehängt hat. Was machst du da? Dich entschuldigen?

PAUL: Armer Dean.

ROBIN: Oh, ich würde mir keine Sorgen um ihn machen. Sie werden nach Hause fliegen, ihr Leben wird genauso verlaufen wie bisher, und, wie man so schön sagt, die Zeit heilt alle

	Wunden. Habt ihr übrigens eine Einladung in die Staaten bekommen?
DONALD:	Haben wir.
ROBIN:	Na also, Ende gut, Alles gut. Werdet ihr sie annehmen?
DONALD:	Warum nicht?
MADGE:	Vielleicht haben wir eine Chance und können sie kennenlernen, wie hieß sie noch? Carol? ... Cheryl... das war es... Cheryl... Zablovsky.
DONALD:	So lange ich nicht mit dem guten, alten Dean allein bleiben muss.
PAUL:	Darum würde ich mir keine Sorgen machen, ein Fuchs scheißt nicht vor seiner eigenen Tür.
ROBIN:	Und Tiffany wird ihr wachsames Auge keine Sekunde von ihm lassen.
DONALD:	Stellt euch das vor. Der alte Dean entpuppt sich als heimliche Schwuchtel. Was ist nur mit der Welt los? Jeder ist auf einmal andersrum. Außer mir. Ich kann's immer noch kaum glauben.
ROBIN:	Aber warum? Du musst doch von Anfang an gewusst haben, dass er schwul ist.
DONALD:	Wieso?
ROBIN:	Weil es so offensichtlich ist, er trägt Brille und eine Kamera. Jeder weiß, dass Paul schwul ist, er hat einen Schnurrbart, raucht Pfeife, mag Rugby und Cricket. Jeder weiß, dass ich schwul bin. Ich habe keinen Schnurrbart, ich rauche

keine Pfeife und hasse Rugby und Cricket. Man kann das meilenweit erkennen, du weißt das. Irgendwie passen wir nicht ganz ins Profil. Wir mögen Sarah Vaughan lieber als Judy Garland.

SAM: Jedenfalls bist du nicht schwul. Du bist...

Sie hält inne, jeder schaut sie an.

PAUL: Was wolltest du sagen?

SAM: Nichts.

PAUL: Irgendetwas über Robin?

SAM: Ich wollte sagen, dass ich nicht glaube, dass er richtig schwul ist.

PAUL: Oh, wirklich?

SAM: Nein, ich glaube, er ist bisexuell.

ROBIN: (*Schwach*) Genau, ich mag Soldaten und See-leute.

PAUL: Und wie kommst du darauf?

SAM: Ich weiß nicht... ich hab' gesehen, wie er Mäd-chen hinterherschaut, auf diese gewisse Art. Ich glaube, er hatte schon was mit Mädchen.

PAUL: Jetzt mach aber mal 'nen Punkt.

MADGE: Hast du, Robin?

Alles dreht sich zu Robin. Er wird verlegen.

PAUL: Hast du, Robin? Du hast mir nichts erzählt. Ich habe versucht, gerade das aus ihm herauszu-kriegen. Seit Jahren versucht.

MADGE: Was?

PAUL: Ich habe ihm immer wieder gesagt, woher weiß

	er, was er verpasst, wenn er es nicht wenigsten
	einmal versucht hat.
MADGE:	War das wirklich nötig?
PAUL:	Nicht mehr. Ich gab auf als ich sah, dass es hoff-
	nungslos war.
MADGE:	Das will ich aber auch meinen. Das ist die däm-
	lichste Begründung, die ich je gehört habe.
PAUL:	Ich glaube, ich habe versucht mich zu schützen,
	Madge. Immerhin war er soviel jünger wie ich.
	Als ich.
ROBIN:	"Wie" tut es auch. Und keine Vergangenheits-
	form bitte, wenn du nichts dagegen hast.
PAUL:	Ich rede über die Vergangenheit. Ich wollte mir
	seiner sicher sein.
ROBIN:	Und weniger in der dritten Person.
MADGE:	Seiner sicher sein! Ich wundere mich, dass er
	dich nicht auf der Stelle verlässt.
ROBIN:	Ach, weißt du, ich bin ein ziemlich toleranter
	Typ.
MADGE:	Was würdest du tun, wenn du jetzt herausfän-
	dest, dass er dir untreu war?
PAUL:	Ach, das ist er doch manchmal.
MADGE:	Und?
PAUL:	Er kommt nach Hause und erzählt es mir. Keine
	Katastrophe.
MADGE:	Verletzt dich das denn nicht? Bist du nicht
	eifersüchtig?

PAUL: Nein. Ich bin mir jetzt seiner sicher. Und wir sind uns sicher. Madge, ich habe schon lange eingesehen, dass ich Robin nicht alles geben kann, was er will. Robin ist einfach nicht so gestrickt; mit einem einzigen Menschen zufrieden zu sein ist ein Ding des Unmöglichen für ihn. Warum dagegen ankämpfen? Ist es nicht an der Zeit, die puritanische Ethik fallen zu lassen? Wie die viktorianische Arbeitsmoral im Zeitalter des Mikrochips ist sie mausetot.

MADGE: Aber er sollte dein Partner sein, so wie Donald mein Ehemann ist.

ROBIN: Hey, hey, hey, hey! Was soll das alles? Hier ist Robin, ja? Freund? Gekommen in friedlicher Absicht? Ich bin tatsächlich hier; ihr braucht nicht hinter meinem Rücken zu reden. Warum wird auf mir herumgehackt?

MADGE: Keiner hackt auf dir herum, Robin. Ich wollte nur wissen, wie Paul reagieren würde, weil, sieh mal, Donald hat eine Affäre und...

DONALD: Scheiße!

MADGE: Weil Donald eine Affäre hat, und...

DONALD: Madge! Verdammt noch mal! Ich dachte, damit wären wir durch.

MADGE: Nein, mein Lieber, du hast versucht, dem aus dem Weg zu gehen, und wir hatten noch keine Chance, darüber zu reden.

DONALD: Na, das ist jetzt kaum die richtige Zeit und der richtige Ort dafür.

MADGE: Gibt es dafür eine spezielle Zeit oder Ort?

DONALD: Ja, mehr privater.

ROBIN: Wie bei der vorausgesetzten Zustimmung von Erwachsenen. Ooops! Tschuldigung!

DONALD: Da gibt es nichts zu reden, und selbst wenn es so wäre, werden wir nicht hier darüber diskutieren. Zum letzten Mal, Madge, und dann will ich nichts mehr davon hören, ich habe keine, ich wiederhole, ich habe keine Affäre.

MADGE: Und ich denke, dass er mit Sam eine Affäre hat.

So ruhig, wie MADGE dies gesagt hat, so geschockt sind die anderen von dieser Explosion.

SAM: Sie ist verrückt!

DONALD: Ich habe ... eine Affäre... mit Sam? Wie, in Gottes Namen, kommst du zu dem Schluss?

MADGE: (*Zuckt mit den Schultern*) Nenn es weibliche Intuition.

DONALD: Nenn es einen verdammten Scheiß-Schwachsinn. Sam hat Recht, du hast nicht mehr alle Tassen im Schrank. Jetzt pass mal auf, Madge, ich weiß nicht, wie du darauf kommst, aber dieser Mist muss hier und jetzt ein Ende haben. Denn wenn nicht, verlasse ich dieses Haus und es dauert lange, bis du mich wiedersiehst. (*Wendet sich an die anderen um Unterstüt-*

	zung) Was habe ich getan? (*Zurück zu Madge*) Gründe, Frau, nenne mir einen Grund.
PAUL:	Ich glaube, wir sollten jetzt wirklich...
DONALD:	Nein. Bleibt. Ich will, dass ihr das hört.
MADGE:	Mal abgesehen von deinem komischen Benehmen, deinen Abwesenheiten–immer mit plausiblen Gründen natürlich- , deinem fast völligen Verlust des Interesses an mir, deiner dürftigen Entschuldigung wegen der Kondome, abgesehen von all dem, weiß ich wenn es passiert. Ich habe es früher gewusst und ich weiß es heute.
DONALD:	Aber warum Sam? Weißt du nicht mehr, was Paul vor einer Minute gesagt hat? Der Fuchs scheißt nicht vor seiner eigenen Haustür.
MADGE:	Warum warst du so verlegen, als Tiffany nach Sam gefragt hat?
DONALD:	Verlegen? Das bildest du dir ein.
MADGE:	Ja? Wo warst du heute Nachmittag?
DONALD:	Draußen.
MADGE:	Draußen? Wo draußen?
DONALD:	Termine mit Kunden, was sonst? Ich arbeite für unseren Lebensunterhalt, schon vergessen?
MADGE:	Du hast angerufen und gesagt, du würdest spät kommen, und fünfzehn Minuten später warst du schon da.
DONALD:	Und?

MADGE:	Also, von wo hast du angerufen? Von irgendwo ziemlich nahe. Von unten vielleicht?
DONALD:	Ich habe vom Büro eines Kunden aus angerufen, nicht mehr als zehn Autominuten von hier. Möchtest du seinen Namen und seine Adresse? Der Kunde hatte sich bei einem anderen Termin verspätet und wollte bald zurück sein. Ich beschloss zu warten. Fünf Minuten nachdem ich dich angerufen hatte, bestellte er seinem Büro, es täte ihm sehr leid, aber er hätte eine Panne mitten im Berufsverkehr und könne es nicht schaffen. Ich kam dann nach Hause.
MADGE:	Wie lange hast du gebraucht, um dir das auszudenken?
DONALD:	Du bist fest entschlossen, mir kein Wort zu glauben.
MADGE:	Gibst du mir die Schuld dafür?
DONALD:	Ja! Schau, Madge, ich weiß, dass die Dinge zwischen uns in der letzten Zeit nicht einfach waren, aber das hier ist lächerlich. Siehst du nicht, wie dumm du dich benimmst? Komm zur Vernunft. Hör auf damit, bevor es zu spät ist. Zum letzten Mal ich habe keine, ich wiederhole, keine Affäre mit irgendjemand, und schon gar nicht mit Sam.
MADGE:	Nun, Sam?

SAM:	Ich gehe.
MADGE:	Du willst mir nicht antworten?
SAM:	Du hast deine Antwort schon. Von ihm.
MADGE:	Aber ich möchte hören, wie du es sagst. Ich möchte hören, wie du sagst: "Ich habe keine Affäre mit deinem Ehemann."
SAM:	Warum sollte ich das tun? Was hättest du davon? Wenn du weiterhin so eine gehässige, misstrauische, eifersüchtige Zicke bist, könnte ich ja auch einfach das Gegenteil sagen...
MADGE:	Du kannst es nicht leugnen, weil es die Wahrheit ist! Es ist wahr!
SAM:	...und dir wirklich was zu knabbern geben? "Madge, wusstest du, dass ich eine Affäre mit deinem Ehemann habe?"
MADGE:	Ja, ich glaube, das hast du.
SAM:	Oh, Mann, Frau! Was braucht man, um zu dir durchzudringen? Ich hätte nie eine Affäre mit diesem selbstgefälligen Chauvinistenschwein, selbst wenn er der letzte Mann auf Erden wäre!
DONALD:	Vielen Dank auch.
SAM:	Es tut mir leid, Donald, aber das ist wahr.
PAUL:	Hat irgendjemand schon die Zeitung von heute morgen?

Alle drehen sich zu ihm um.

Ich dachte, ich werfe mal einen Blick auf unsere Horoskope. Irgendwo da oben müssen sich ein paar Planeten scheußliche Dinge antun. Wie sonst könnte das hier passieren?

ROBIN: Nicht durch die Schuld der Sterne, lieber Brutus, durch eigne Schuld nur sind wir Schwächlinge.

DONALD: Und hör verdammt nochmal auf, Willy Shakespeare zu zitieren!

SAM: Ich will eine Entschuldigung.

MADGE: Ich will die Wahrheit.

SAM: Die Wahrheit? Du würdest die Wahrheit nicht erkennen, wenn sie dich wie eine Kugel zwischen die Augen träfe. Du willst die Wahrheit? Die einzige Wahrheit, die ich für dich habe, ist die...

ROBIN: Sam!

SAM: Geh, schau in den Spiegel und frage dich, was, zum Teufel, du hier versuchst. Die Wahrheit ist, dass du deine Ehe für nichts und wieder nichts vor die Wand fährst. Du kränkst absolut jeden, indem du herumläufst und unschuldige Leute anklagst. Die Wahrheit ist, du versuchst andere dafür verantwortlich zu machen, dass du eine lausige Ehefrau bist.

MADGE: Oh, hat er dir das erzählt? War das einer von seinen Tricks?

SAM: Die Wahrheit ist, ich könnte keine Affäre mit Donald haben kann, weil ich...

Jeder wartet.

MADGE :	Was wolltest du sagen?
SAM:	Was?
DONALD:	Madge, das reicht.
MADGE:	Du wolltest etwas sagen.
SAM:	Nichts.
MADGE:	Du wolltest sagen, du könntest keine Affäre mit Donald haben, weil du... Weil du was, Sam? Warum hast du nicht zu Ende gesprochen, was du sagen wolltest?
DONALD:	Was braucht es, damit du endlich aufhörst?
MADGE:	Weiter, Sam, sag es uns. Was wolltest du sagen?
SAM:	Scheiße! Weil ich eine Affäre mit jemand anderem habe, kapiert? Und das hat nichts mit dir zu tun.
MADGE:	(*Lacht*) Oh, das ist so leicht zu sagen. Wie praktisch. Damit ist jeder aus dem Schneider. (*Plötzlich hart*) Nur schade, dass es nicht so einfach zu glauben ist.
ROBIN:	Es ist die Wahrheit.
SAM:	Robin!
ROBIN:	Schau mich nicht so an, Madge. Ich weiß zufällig, dass es wahr ist, weil ich die Person kenne, mit der sie die Affäre hat.
MADGE:	Ja? Wer?
ROBIN:	Ich.
	Schweigen.
DONALD:	Um Himmels Willen. (*Er stellt sein Glas ab,*

dreht sich zu Madge) Na...bist du jetzt zufrieden?

MADGE: (*Ganz erschüttert*) Das tut mir leid... leid... das...

Sie sieht von einem zum anderen, schaut verzweifelt PAUL an, dreht sich um und rennt aus dem Zimmer. Keiner bewegt sich. Niemand will den anderen anschauen, am wenigsten PAUL. Aber es ist PAUL, der das Schweigen bricht.

PAUL: Willst du ihr nicht besser folgen, Donald?

DONALD: Hm...

PAUL: Ist das nicht eine der Pflichten des Ehemanns? Verzweifelte Ehefrauen zu trösten?

DONALD: Paul, was soll ich sagen?

PAUL: Nichts.

DONALD sieht PAUL an, begreift dass er Recht hat, es gibt nichts zu sagen. Er dreht sich um und geht. An der Tür stoppt er und dreht sich um.

DONALD: Ihr macht die Tür hinter euch zu, okay?

Er geht. Weiteres Schweigen.

ROBIN: Es tut mir leid, Paul.

PAUL: Ja.

ROBIN schaut zu SAM. Beide schauen zu PAUL.

Also... hast du meinen Rat doch noch angenommen... Nach all den Jahren. Was hat dich abgehalten?

ROBIN: Nicht, Paul.

PAUL: Nicht, was?

ROBIN:	Spiel es nicht herunter.
PAUL:	Wie soll ich deiner Meinung nach sein? In Tränen ausbrechen? Würdest du dich dann besser fühlen?
ROBIN:	Ich will mich in diesem Moment nicht unbedingt besser fühlen.
PAUL:	Ich will nicht, dass du dich in diesem Moment schlecht fühlst. Ich muss zugeben, es ist ein Schock. Aber andererseits, wie du sagst, das Leben ist voller kurioser kleiner Überraschungen.
ROBIN:	Ich wollte nicht, dass es auf diese Art herauskommt.
PAUL:	Hätte die Art, wie es herauskommt, irgendeine Rolle gespielt?
ROBIN:	Ja. Ich denke schon.

PAUL setzt sich mit seinem Drink an den Tisch.

ROBIN:	Junge! Ich habe wirklich Scheiße gebaut, was?
PAUL:	Du könntest eine etwas glücklichere Formulierung wählen.
SAM:	Es tut mir leid, Paul.
PAUL:	Was?
SAM:	Alles. Es ist nur einfach so passiert.
PAUL:	Natürlich. Genau so passiert es. Es passiert einfach.
SAM:	Wenn Madge mich nicht so wütend gemacht hätte...

PAUL: Dann lebte ich immer noch in glückseliger Ahnungslosigkeit. Würdet ihr mir glauben, wenn ich sagte, dass ich das wirklich nicht vorziehe?

ROBIN: Was machen wir jetzt?

PAUL: Nun, ich weiß nicht, was ihr zwei macht, aber ich werde mein Glas austrinken.

SAM setzt sich an den Tisch.

SAM: Wie kannst du so ruhig bleiben?

ROBIN: Ich weiß, was er macht. Er ist ganz der Stier. Er bleibt solange cool, bis du denkst, Gras ist über die Sache gewachsen und du bist sicher, und dann, wenn du es am wenigsten erwartest, explodiert er. Warum gehst du nicht jetzt in die Luft? Mach schon, Paul. Noch eine Explosion heute Nacht, und die Fenster fallen aus dem Rahmen. Du bist auf 180, also explodiere. Er tut es nicht. Siehst du? Er tut es nicht. Er wird den schweigenden, geduldigen Märtyrer spielen. Er macht es absichtlich, um mich zu provozieren. Ich kenne ihn. Ich habe nicht umsonst fünfzehn Jahre mit dir verbracht.

PAUL: Ich hoffe nicht. Welche Verschwendung, wenn das alles umsonst gewesen wäre.

ROBIN: Das meine ich nicht.

PAUL: Das ist aber, was ich meine. Du bist jetzt ein großer Junge, Robin. Du bist nicht mehr der

Junge mit den Sternen in den Augen, den ich vor fünfzehn Jahren getroffen habe. Muss ich immer noch alle Entscheidungen treffen? (*Er sieht das Backgammonbrett*) Ihr zwei habt euer Spiel nicht beendet. (*Er schaut von einem zum anderen*) Nun, kommt schon, schaut mich nicht so krank an. Affären sollten glücklich machen, fröhlich sein.

ROBIN: (*Elendig*) Lass das, Paul. (*Er setzt sich an den Tisch*) Okay, der Ball ist in deinem Feld, spiel das Spiel, wie du willst. Das ist meine Entscheidung.

PAUL lacht.

Ich verstehe nicht, was so lustig ist. Was ist denn so lustig?

PAUL schüttelt den Kopf. Er lacht noch etwas.

Nun, mach schon, was sollen wir jetzt tun?

Pause.

PAUL: Warum schlafen wir nicht erst einmal darüber?

ROBIN denkt einen Moment nach, dann lächelt er und reicht seine Hand über den Tisch. PAUL nimmt sie.

ROBIN: Ja...Warum schlafen wir nicht darüber?

Beide schauen zu SAM.

SAM: Was?

ROBIN: (*Bietet ihr seine andere Hand an*) Warum schlafen wir nicht darüber?

SAM schaut von einem zum anderen, dann versteht sie.

SAM: (*Leicht*) Okay, laßt uns darüber schlafen.

Sie nimmt beide Hände. ROBIN und SAM stehen auf,
PAUL bleibt, wo er ist.

ROBIN: Kommst du nicht?

PAUL: Ich trink noch zu Ende.

ROBIN: Okay, aber lasst dir nicht zu lange Zeit.

SAM und ROBIN gehen. PAUL sitzt noch ein Moment,
trinkt dann aus und geht. Er kommt zurück, legt seine
Hand auf den Lichtschalter, schaut sich im Raum um,
dann an die Decke.

PAUL: Du willst in den Zoo, um die Hyänen lachen
            zu hören? Du hättest aufbleiben sollen, mein
            kleiner Freund, du hättest sie lachen hören
            können – genau hier.

Er macht das Licht aus und geht hinaus. Das Licht im Flur
bleibt noch einen Moment an. Dann geht es auch aus und
man hört, wie die Wohnungstür geschlossen wird. PAUL's
Stimme aus der Sprechanlage.

PAUL: Und wenn sie nicht gestorben sind, dann leben
            sie noch heute. Ende.

Ein fröhliches Kinderlachen ist zu hören.

BLACKOUT.